100 Jahre Inselfeuerwehr

Die Geschichte einer Freiwilligen Feuerwehr

Wir danken all denen,
die uns bei der Verwirklichung
und Entstehung
des Buches unterstützt haben.
Unser besonderer Dank gilt jedoch
der Provinzial Landesbrandkasse
Schleswig-Holstein
und der Gemeinde Helgoland.

Geographisches Institut
der Universität Kiel
ausgesonderte Dublette

Inv.-Nr 96/A 36477

Geographisches Institut
der Universität Kiel

1893 / 1993

100 JAHRE
Inselfeuerwehr

Chronik
der Freiwilligen Feuerwehr
der Gemeinde Helgoland

© Verlag und Buchhandlung Maren Knauß 1993 – Alle Rechte vorbehalten
Gesamtherstellung: Niederelbe-Druck, Gutenbergstraße 3, 2178 Otterndorf
Umschlag- und Buchgestaltung: Peter-Schulze, Niederelbe-Druck, 2178 Otterndorf
Alleinvertrieb bei: Verlag und Buchhandlung M. Knauß, Postfach 7 60, 2192 Helgoland
Verantwortlich für Text: Frank Botter, Mittelweg 343, 2192 Helgoland
Verantwortlich für Bild: Gerhard Goemann, Steanaker 548, 2192 Helgoland
Herausgeber: Freiwillige Feuerwehr Helgoland
Titelfoto: Fritz Kühne, Braunschweig (siehe Seite 44)

ISBN-Nr.: 3-926151-13-7

100 Jahre Inselfeuerwehr

Die Freiwillige Feuerwehr der Gemeinde Helgoland feiert 1993 ihren 100. Geburtstag. Die Geschichte der Inselfeuerwehr ist ohne Zweifel untrennbar mit dem Schicksal unserer Heimatgemeinde verbunden. Sie spiegelt aber auch die Entwicklung einer gemeinnützigen Einrichtung in einer Zeit wider, in der die heutige Gesellschaft nach weitgehender Erfüllung existentieller Bedürfnisse auf dem Weg zu anderen Zielen ist. Hier droht die Bildung zu den selbstlosen freiwilligen Einrichtungen verlorenzugehen. Die junge Generation zu motivieren, den Gedanken der Freiwilligkeit in das nächste Jahrtausend mitzunehmen, ist Leitgedanke aller Verantwortlichen in der Feuerwehr und in der Selbstverwaltung bei ihren Bemühungen um den kommunalen Brandschutz.

Die Berichte und Aussagen aller, die an dieser Chronik mitgearbeitet haben, sind geprägt von den Aufzeichnungen, Bildern und persönlichen Gesprächen. Sie waren erforderlich, um die Geschichte unserer Feuerwehr verstehen zu können und niederzuschreiben.

Mit diesem Buch wollen wir versuchen, die 100 Jahre Feuerwehrgeschichte auch für den Außenstehenden interessant darzustellen, ohne dabei die Entwicklung unserer Heimatinsel außer acht zu lassen.

Wir schreiben den 15. März 1893. In den Abendstunden streben viele Helgoländer Männer in Richtung Jansens Bierhalle. Der Saal füllt sich zusehends, und gegen 21.00 Uhr eröffnet Lehrer Julius Berndt die Versammlung, die von ihm und anderen besorgten Helgoländern einberufen worden ist. Lehrer Berndt und seine Mitstreiter wollen den Brandschutz, der bisher mehr schlecht als recht durch die Landgemeinde aufrechterhalten wird, durch die Gründung einer Freiwilligen Feuerwehr verbessern.

Was war bisher geschehen?

Seit gut zwei Jahren stand Helgoland unter deutscher Verwaltung. Die Reichsgesetze verpflichteten die Gemeinde, einen örtlichen Brandschutz sicherzustellen. Für diesen Dienst wurden männliche Einwohner im Alter zwischen 16 und 55 Jahren dienstverpflichtet. Bereits am 6. Oktober 1891 wurde von den Helgoländern eine Feuerspritze mit acht passenden Lederschläuchen bei der angesehenen britischen Fachfirma Merryweather & Son zu einem Preis von 140 Pfund bestellt. Im Folgejahr (1892) orderte man bei der gleichen Firma ein Kontingent von weiteren 25 Lederschläuchen. Für die Unterbringung des gemeindeeigenen Löschgerätes diente eine Holzhütte im Garten des Konversationshauses.

Doch mit der Zeit meldeten sich Zweifel an der Zuverlässigkeit der bestehenden Feuerwehr an: Eine Pflichtfeuerwehr birgt in sich die Gefahr, daß die Dienstverpflichteten ihre Aufgabe nicht mit dem nötigen Ernst versehen und die Wartung der Einsatzgeräte unter mangelndem Pflichtbewußtsein erheblich leidet. Darüber hinaus gab es keinerlei Richtlinien, die die Kompetenzen der Spritzenführer und Steiger regelten, obwohl schon zur englischen Zeit in einem Erlaß vom 1. Dezember 1819 (»Instruction für die Feuerwehr«) diese Fragen eindeutig geklärt worden waren.

H.A. »Instruction für die Feuerwehr 1. 12.1819«

Zufolge der am 28.November 1819 gehaltenen Versammlung, wo wir Unterzeichneten auf dem Versammlungssaal beauftragt werden, einige Instructionen für die hiesigen Sprützenmeister bey Ausbrechung eines Brandes und Uebung der Sprützen zu entwerfen, und folgende sind:
1) Den Sprützenmeistern wird es zur Pflicht gemacht, sobald ihnen Nachricht von einem Brande erteilt wird, mit ihrer zugeordneten Mannschaft sich nach den Sprützen in aller Eile zu verfügen, und mit denselben auf der Stelle, wo der Brand ist, zu erscheinen und die zweckmässigsten Mittel zu treffen, die zum Löschen anbringbar sind.
2) Den Sprützenmeistern steht es frey, falls ihre Sprütze noch nicht gehörig mit Mannschaft besetzt ist, jede fähige Persohn, die nicht zugleich mit Brandaufseher ist, bey seiner Sprütze zu nehmen und bey Löschung eines Brandes unter seine Befehle zu bringen; diese Persohnen sollen unbedingt seinem Befehle Folge leisten. Auch soll derjenige, der sie mit Scheltwörtern beleidigt, dafür vor dem Gericht verantwortlich sein. Niemand darf ihnen im Wege stehen oder ihre Einrichtungen behindern.
3) Die Sprützenmeister sind verpflichtet, jährlich um Jacobi mit ihrer zugeordneten Mannschaft die Sprützen zu probieren, um sich damit zu üben, und mehrere Male im Jahr alles gehörig zu untersuchen und auf das Sorgsamste aufzubewahren.
4) Keiner von den Sprützenmeistern darf sich vom Lande entfernen, ohne seinen Mitcollegen Anzeige davon zu thun.

5) Alle Jahr am 1ten December soll Besichtigung in allen Häusern gehalten werden, ob die Feuerstellen, Schornsteine und Röhren in gehöriger Ordnung sind. Diese Besichtiger sollen bestehen aus einem Rathmann, Quartiersmann und einem Landesältesten, zwey Sprützenmeister nebst Camininspector.
gez. J.J. Botter Harlich H. Erichs Bardt Isernhagen Hans Franck

Anhang

7) Die Sprützenmeister mögen für ihre Bemühungen von bürgerschaftlichen Arbeiten befreit und entledigt werden, es darf aber denselben, unserer Verfassung zufolge, keine andere Vergütung zugestanden werden.
8) Sollte es beim ausbrechenden Brande nothwendig und zweckmässig werden, dass die benachbarten oder angrenzenden Häuser nieder gerissen werden müssten, so sollten die constituirten Rathmänner mit Zurathziehung der übrigen Beamten, wenn dieselben gegenwärtig sein sollten, die Autorität haben, solches anzuordnen und zu befehligen. Auf welche Weise und in welcher Höhe die Eigentümer der gerissenen Gebäude eine Entschädigung zu gewärtigen haben, bleibt einer näheren Berathung der Landesvorsteherschaft mit Zuziehung der Sprützenmeister unterworfen.
9) Der Mannschaft der Sprützen, welche zuerst bey einem Brande mit ihrer Sprütze gegenwärtig sind, wird eine Prämie durch eine nachhergehende Bestimmung zugesichert.
10) Die Sprützenmeister sind, vom heutigen Dato an gerechnet, verpflichtet, ihrem Amte vier Jahre vorzustehen, jedoch mit der Bedingung, dass sie nicht alle vier auf einmahl abgeben können, sondern das dann noch zwey derselben ihrem Amte zwey Jahr länger vorstehen müssen. Genehmigt von der Vorsteherschaft als Original unterzeichnet.

Helgoland, den 1ten Dec. 1819

Diese Bedingungen hatten nach der Übernahme Helgolands durch das Deutsche Reich ihre Gültigkeit verloren.
Bereits zu Beginn des 19. Jahrhunderts, unter dänischer Herrschaft, hatte König Christian VII. eine Brandverordnung für die Insel Helgoland erlassen. Jeder Hausbesitzer bekam Auflagen für den Betrieb der Feuerstätten. Bei Strafe war es verboten, solche Anlagen ohne die Sicherheitseinrichtungen zu betreiben. Wer die vorgeschriebenen Einreißhaken und Löscheimer aus Leder nicht in einem gebrauchsfähigen Zustand vorhielt, wurde mit einer empfindlichen Strafe belegt. Das härteste Mittel war wohl das amtliche Verlöschen des Herdfeuers durch Wasser. In den Wintermonaten hatte dies sehr unangenehme Folgen, wurden die Häuser doch nur durch die eine Feuerstelle in der Küche beheizt. Ob schon zu dieser Zeit der Brandschutz durch freiwillige Helfer aus der Bevölkerung sichergestellt wurde, ließ sich anhand der vorhandenen Unterlagen nicht nachvollziehen.
Die Übernahme der Insel durch Britannien war für das Löschwesen Helgolands ein eindeutiger Fortschritt, wie die schon genannten »Instructionen für die Feuerwehr« aus dem Jahre 1819 beweisen. Ein halbes Jahrhundert später erschien in der Landesrechnung für das Jahr 1865 unter der Position »Spritzen, Feuerwehr« ein Betrag von 309,18 Mark. Ein Zeichen dafür, daß es zu dieser Zeit eine Art Feuerwehr gegeben hat und (daß) man bemüht war, den Brandschutz durch laufende Leistungen aufrechtzuerhalten.
Trotzdem dauerte es noch 28 Jahre bis zur offiziellen Gründung der Freiwilligen Feuerwehr. Nach den Pro-

tokollen und Niederschriften sowie den Aufzeichnungen in der Weber-Chronik wird dieser Zeitpunkt mit dem 15. März 1893 angenommen.

Lehrer Berndt wurde im Februar des Jahres 1893 durch den Regierungs-Assessor von Eisenhardt-Rothe ersucht, mit einer Anzahl interessierter Helgoländer über die Gründung einer Freiwilligen Feuerwehr zu beraten. Nach einigen Vorgesprächen kam es dann zu der denkwürdigen Versammlung Mitte März unter dem Ehrenvorsitz des erwähnten Regierungs-Assessors. Dieser übernahm die Einleitung der Versammlung und wies insbesondere auf den großen Nutzen und den Vorteil hin, den eine Freiwillige Feuerwehr erbringen könnte. Im Anschluß wurden die ausgearbeiteten Statuten verlesen und alle Anwesenden aufgefordert, dem Verein beizutreten. Von den anwesenden 150 Personen meldeten sich 61 für den aktiven Dienst und 68 wurden passive Mitglieder. Am Ende des Abends war die Freiwillige Feuerwehr Helgoland gegründet.

Bild 1: Marschblock der Freiwilligen Feuerwehr Helgoland anläßlich der Feierlichkeiten »100 Jahre Seebad« 1926

Bild 2: Die Feuerwehr auf dem Weg ins Unterland. Im Vordergrund der Kommandant Paul Nickels Haas.

Auf einer weiteren Versammlung - 9 Tage später - wurde das Kommando gewählt. Hauptmann wurde Lehrer Berndt, Stellvertreter John Schensky. Die Funktion des Zeugwartes übernahm Peter Denker, die des Schriftwartes der Fotograf Franz Schensky und Kassierer wurde Claus Siemens. Aus den Reihen der passiven Mitglieder wurden die Herren Peter Franz, Peter Eilers und Peter Friedrichs zu Revisoren gewählt.

Die formellen Voraussetzungen waren damit erfüllt. Jetzt war das Kommando gefordert, den Dienst- und Übungsbetrieb zu organisieren, um einen geordneten, aber freiwilligen Brandschutz zu gewährleisten.

Am 10. Dezember konnte die Pflichtfeuerwehr in wesentlichen Teilen aufgelöst werden, da der Ausbildungsstand der Freiwilligen entsprechend gediehen war. Die endgültige Auflösung der Pflichtfeuerwehr wurde jedoch erst 35 Jahre später vollzogen.

Die Statistik des Provinzial-Verbandes der Freiwilligen Feuerwehren in der Provinz Schleswig-Holstein für die Jahre 1892 bis 1894 erwähnt zum ersten Mal auch die Freiwillige Feuerwehr Helgoland. Damals gehörte die Feuerwehr noch zum Kreis-Feuerwehr-Bezirk Süderdithmarschen. Die Helgoländer Wehr war dort die jüngste unter den damals 26 Wehren.

Auf der Insel Helgoland lebten zu der Zeit 2086 Einwohner, und der Ort hatte 400 Wohnhäuser. Am 1. Januar 1895 zählte die Feuerwehr folgende Mitglieder: 6 Führer, 15 Steiger, Rohrführer und Retter, 31 Spritzenmannschaften sowie 4 Hornisten und Spielleute Zusammen also 56 aktive Mitglieder. Darüber hinaus unterstützten 72 Bürger die Feuerwehr als passive Mitglieder.

Die Ausrüstung bestand zu dieser Zeit aus:
– einer Saug- und Druckspritze
– 210 m Hanfschläuche
– einem Kübelwasserwagen
– vier Haken- (Steiger-) Leitern
– zwei Anstellleitern
– einer 8-Meter hohen, freistehenden Leiter
– einem Rettungsschlauch
– zwölf Laternen
– vier Signalhörnern
– sechs Hupen.

Diese Geräte waren Eigentum der Feuerwehr und nicht der Gemeinde. In der genannten Statistik wurden die Löschwasserverhältnisse noch als ungenügend bezeichnet.

In der Zeit vom 15. März 1893 bis 31. Dezember 1894 wurde die Feuerwehr zu einem Brand gerufen, und ein Alarm wurde gegeben, ohne daß die Feuerwehr tätig werden mußte.

Durchschnittlich wurde an acht Abenden im Jahr geübt.

Um die Aufgaben der Freiwilligen Feuerwehr finanziell bestreiten zu können, erhielt die Feuerwehr bis zum Ende des Jahres 1894 Zuwendungen in Höhe von 7599 Mark von der Gemeinde. Ein Vergleich dazu: Die Gemeinde Marne mit 3200 Einwohnern gab im gleichen Zeitraum überhaupt kein Geld für die Zwecke des Feuerlöschwesens aus.

Von den Mitgliedern der FF. Helgoland wurde ein Jahresbeitrag von lediglich 30 Pfennig erhoben.

Dank großzügiger Spenden war es möglich, die technische Ausrüstung der Feuerwehr in relativ kurzer Zeit zu verbessern. In besonderer Weise hat sich Gustav Mellin, ein Nachkomme des ersten Apothekers auf der Insel, um das Feuerlöschwesen verdient gemacht. Seine großzügige Unterstützung machte es möglich, eine neue Abprotzspritze (ältere Spritzenart, die bei Benutzung von der Lafette abgenommen werden kann) bei der Firma FLADER in Jöhnstedt zu bestellen. Dies wertvolle Gerät traf am 21. Oktober 1895 auf Helgoland ein. Ferner wurde die Beschaffung von Lederschläuchen realisiert, die wesentlich länger als die alten Hanfschläuche hielten. In dankbarer Anerkennung ehrten die Feuerwehrmitglieder die Verdienste

Gustav Mellins durch eine Bronzetafel am Spritzenhaus.

Im Jahre 1896 bildete die Landgemeinde eine Feuerwehrkommission, die den heutigen Fachausschüssen der Gemeindevertretung ähnelte, um die Interessen der Kommune in bezug auf das Feuerlöschwesen und die Arbeit der Feuerwehr als Verein zu koordinieren. Mitglieder dieser Kommission waren: H. Edlefsen und die Herren Redell und Reimers.

Fünf Jahre nach der Gründung wurde Lehrer Berndt am 25. Juli 1898 für seine Verdienste um die Gründung der Freiwilligen Feuerwehr und um den Brandschutz in der Gemeinde Helgoland geehrt. Ihm wurde die kostenlose Benutzung des Freibades und der Dünenfähre gewährt.

In den letzten Jahren des 19. Jahrhunderts mußte die Feuerwehr zu zwei Einsätzen ausrücken:
Am 1. Juni 1894 brannte das Bufesche Anwesen und am 5. Juni 1895 der Ohlsensche Pavillon auf der Düne.

Das Feuerwehrleben war erfüllt von der Ausbildung und den ständigen Übungen. Jährlich um den 15. März feierten die Angehörigen das Stiftungsfest. Die Chronik weist für die Zeit bis 1914 lediglich größere Einsätze aus. Daß es keine besonderen Aufzeichnungen über die Feuerwehr gibt, bedeutet jedoch nicht, daß es in dieser Zeit keine Neuerungen oder Umorganisationen gab. Der Mitgliederbestand wuchs sehr schnell an. Die Wehrführung verfügte am 6. März 1913 eine Aufnahmesperre, die erst am 1. Januar 1914 wieder aufgehoben wurde.

Bild 3: Eine Delegation der Feuerwehr zu Besuch auf der ostfriesischen Insel Norderney (um 1900).

Einsätze 1900-1914

20. Januar 1903 – Auf der Insel entstand ein Feuer, das alsbald gelöscht wurde (Um welches Objekt es sich dabei handelte, ist heute nicht mehr bekannt.)
11. Dezember 1905 – Feuer auf dem Oberland bei Frau Cath. Holmer.
30. April 1905 – Brand im Helgoländer Gehölz.
15. Mai 1908 – Dachbrand in der Wohnung des Landrats-Hilfsbeamten Dr. Leemann in der Ensmannstraße. Der Brand konnte zügig gelöscht werden.
1909 – Feuer im Cassebohmschen Hause.
12. August 1911 – Großfeuer im Unterlande. Neben der Bäckerei Eilers in der Bindfadenallee wurden noch zwei weitere Häuser vom Brand völlig zerstört.
29. August 1911 – Brand im Hegemannschen Maschinenhaus an der Südspitze.
30. Dezember 1912 – Brand in der kleinen Südkantine.

Zwanzig Jahre war die Freiwillige Feuerwehr Helgoland inzwischen alt, und noch immer stand Julius Gustav Berndt als Kommandant der Wehr vor. Anläßlich des 20. Stiftungsfestes wurde er erneut für seine Verdienste geehrt.

Die politischen Ereignisse des Jahres 1914 und deren Folgen für unsere Heimatinsel führten zu einer Unterbrechung des Insellebens und auch der Tätigkeit der Freiwilligen Feuerwehr.

Ab 31. Juli 1914 galt auf Helgoland der Kriegszustand. Die Zivilbevölkerung wurde auf das Festland evakuiert. Niemand konnte zu der Zeit ahnen, daß die Rückkehr in die Heimat erst nach vier leidvollen Kriegsjahren möglich sein sollte. Für den 18. März 1918 verzeichnet die Chronik von Weber folgendes: »25 Jahre Feuerwehr. Der Verein erhält ein Diplom und jeder Mann eine Medaille.« – Leider verzeichnet der Chronist nicht, an welchem Ort die Versammlung stattgefunden hat; denn auf der Insel konnte dies nicht möglich gewesen sein. Zu diesem Zeitpunkt waren die Bewohner noch nicht wieder nach Helgoland zurückgekehrt.

Nach dem Krieg fanden die heimkehrenden Insulaner ihre Häuser und Privatbesitz in einem schrecklichen Zustand vor. Auch die Feuerwehr war davon betroffen. Von den noch vorhandenen Geräten wie z.B. die Dampfspritze war kaum etwas zu gebrauchen.

Die erste Nachkriegsversammlung fand am 20. November 1919 statt. Drei Angehörige der Freiwilligen Feuerwehr und 13 passive Mitglieder ließen ihr Leben im Krieg. Das Ehrenmitglied Gustav Friederichs war am 21. Mai 1917 in Groß-Flottbek verstorben. Besonderes Gedenken galt jedoch dem langjährigen Hauptmann der Freiwilligen Feuerwehr. Julius Gustav Berndt starb am 23. Mai 1919 auf Helgoland. Die Versammlung widmete ihm in ehrendem Gedenken folgende Worte:

Geliebt und geschätzt von allen Kameraden, geachtet von der ganzen Bevölkerung, starb ein Mann, der 42 Jahre Lehrer und Organist und 26 Jahre als Hauptmann der Freiwilligen Feuerwehr, seine besten Jahre für das Gemeinwesen der Insel eingestellt hatte. Nächst unserem Gönner Gustav Mellin verdanken wir unserem Hauptmann Berndt den Aufbau unserer Wehr. In unermüdlicher, aufopfernder Tätigkeit hat er es verstanden, sich ein dauerndes Denkmal in den Herzen aller Helgoländer zu setzen.

Uns Kameraden war er stets ein echtes Vorbild. Tieferschüttert stehen wir an seiner Bahre und geloben, in seinem Sinne sein Werk weiter auszubauen, zum Wohle unserer Insel und unserer Heimat, treu unserem Wahlspruch: »Gott zur Ehr, dem Nächsten zur Wehr.«

Zum neuen Hauptmann wurde Paul N. Haas und zu seinem Stellvertreter Hinrich Kanje gewählt.

Bild 4: Kommandant Paul Nickels Haas

Seit der Gründung der Feuerwehr gehörte Franz Schensky als Schriftführer zum Kommando. In diesem Amt wird er erneut bestätigt.

Das vorhandene Löschgerät wird instand gesetzt, und für die unbrauchbar gewordene Dampfspritze wird Ersatz aus Wilhelmshaven besorgt. Aber schon beim ersten Brand nach dem Kriege, am 18. Oktober 1920 in der Sükantine, genügt die neue Pumpe nicht den Anforderungen. Ersatz wurde erforderlich, der nicht sofort beschaffbar war.

Im Jahre 1925 wurde eine Magirusleiter angeschafft, eine sehr wichtige technische Neuerung in unserer Feuerwehr.

Der Name Magirus ist eng verbunden mit dem Feuerlöschwesen. Conrad Dietrich Magirus (1824–1895) gründete 1864 eine »Feuerwehr-Requisitenfabrik«. Daneben war er Feuerwehrkommandant in Ulm. Neben Konstruktionen auf dem Gebiet der Brandschutztechnik verwirklichte Magirus die Idee übergreifender Feuerwehr-Verbände. 1853 kamen auf seine Initiative hin erstmals zehn Feuerwehren zur »Deutschen Feuerwehr-Versammlung« in Plochingen zusammen. So war ein länderübergreifendes Forum geschaffen, das später zur Verbreitung der Idee Freiwilliger Feuerwehren beitrug.

Ein Jahr später zog die Feuerwehr Helgoland um. Der Holzschuppen des Reichsbauamtes nahe dem Kindergarten wurde gepachtet und das alte Spritzenhaus auf dem Oberland aufgegeben. Für die neue Magirus-Leiter war in ihm kein Platz mehr vorhanden.

Kamerad Andreas Friedrichs stiftete im gleichen Jahr ein erstklassiges Sauerstoffgerät – System Pulmotor. Dieser automatisch arbeitende Wiederbelebungsapparat wurde von der Firma Dräger in Lübeck entwickelt und fand ab 1909 Verbreitung in der ganzen Welt.

Zu Beginn des Jahres 1927 stellte das Feuerwehrkommando bei der Landgemeinde den Antrag auf Beschaffung einer neuen Motorpumpe. Die alte Pumpe war den gestiegenen Anforderungen nicht mehr gewachsen. Die Gesamtkosten für das neue Aggregat beliefen sich auf 3500 Mark. 1700 Mark davon wurden aus der Vereinskasse bezahlt. Ende November 1927 erhält die Firma E.C. Flader, eine Feuerwehrgerätefabrik in Jöhstadt in Sachsen, den Auftrag zur Lieferung der Motorpumpe. Die Pumpe trifft am 14. März 1929 auf Helgoland ein.

Einsätze 1919-1929

18. Oktober 1920 – Brand in der Südkantine.
11. Januar 1922 – Morgens gegen 3.00 Uhr wird ein Feuer im ehemaligen Hotel Janssen bemerkt. Das Feuer konnte im Entstehen gelöscht werden.
4. März 1924 – Abends 6.30 Uhr Feuer im Hause Karl Wichers (Oberland).
11. März 1926 – Gegen 15.00 Uhr wird die Wehr durch Horn alarmiert. Bei dem Kaufmann Rain in der Siemensterrasse war Feuer ausgebrochen, doch wurde dasselbe im Entstehen gelöscht.
Weihnachten 1925 – Die Weihnachtsfeier der »Nordseelust« wird durch Alarm gestört. Das im Bankgebäude auf dem Unterlande ausgebrochene Feuer konnte durch die Bewohner vor Eintreffen der Wehr gelöscht werden.
21. Mai 1929 – Kellerbrand auf dem Oberland.
29. Dezember 1929 – Alarm durch Notsignale im Hafen.

Das Jahr 1929 ist in der Geschichte der Freiwilligen Feuerwehr Helgoland von besonderer Bedeutung. Wie es nach dem Reichsgesetz von 1906 vorgeschrieben war, unterhielt die Landgemeinde neben den Freiwilligen noch eine Pflichtfeuerwehr. Anläßlich einer Versammlung am 26. September 1929 beschlossen die Feuerwehrangehörigen einstimmig, ab 1. Oktober 1929 den Feuerschutz auf der Insel allein zu übernehmen. Grundlage für diese Entscheidung war eine Anordnung des Landesbranddirektors Schmiedel. Er verfügte, daß die Pflichtfeuerwehr aufzulösen sei und die Freiwillige Feuerwehr den alleinigen Feuerschutz auf der Insel zu übernehmen habe. In dem Bericht des Landesbranddirektors heißt es:

»Ganz abgesehen von seiner Bedeutung als Badeort erfordert die Lage und Bebauung der Gemeinde Helgoland ein besonders schlagfertiges, neuzeitlich eingerichtetes Feuerlöschwesen. Das hat sie jedoch zur Zeit nicht. Die Gemeinde stellt nur eine Pflichtfeuerwehr mit einer Anzahl Handdruckspritzen auf, die, mit meist älterer Bauart, geeignete Löschgeräte nicht mehr darstellen. Als selbständiger Verein jedoch besteht seit über 30 Jahren eine Freiwillige Feuerwehr, die über gute Löschgeräte und einen guten Mannschaftsbestand verfügt, schlagfertig ist und sich bei Bränden hervorgetan hat. Die Geräte sind Eigentum der Freiwilligen Feuerwehr. Neben ihr noch eine Pflichtfeuerwehr zu unterhalten, ist Vergeudung von Mitteln. Der Gemeinde wird demnach empfohlen, die Pflichtfeuerwehr aufzulösen, sobald mit der Freiwilligen Feuerwehr ein Abkommen über die alleinige Übernahme des Feuerlöschwesens getroffen ist. Es wird ferner empfohlen, gemäß Gesetz vom 21. Dezember 1906 gleichzeitig das gesamte Feuerlöschwesen durch Ortsstatut zu regeln.«

Die Freiwillige Feuerwehr Helgoland übernahm damit den gesamten Brandschutz der Insel. Die Gemeinde richtete ein Brandschutzamt ein.

1930-1933

Im August 1931 bekam die Feuerwehr eine zusätzliche Motorspritze, die aus Stiftungsmitteln finanziert wurde. Das Brandschutzamt trat erstmals zusammen. Eine aus seiner Mitte gewählte Kommission nahm fortan die Brandschau wahr. Anläßlich der turnusmäßigen Neuwahlen legte der stellvertretende Hauptmann und Mitbegründer der Wehr, Hinrich Kanje, sein Amt nieder. Er wurde zum Ehrenkommandanten ernannt.

Am 16. März 1933 starb er für alle unerwartet. Die Feier zum 40jährigen Bestehen der Freiwilligen Feuerwehr Helgoland am 15. März 1933 wurde aus diesem Grunde um eine Woche verschoben. Am 24. März wurde die Feier mit einem Fackelumzug durch die Straßen Helgolands eingeleitet und mit einem großen Ball, an dem über 600 Personen teilnahmen, beendet.

1933-1945

Mit diesem Zeitabschnitt, der in vielen anderen Publikationen über die Insel Helgoland ausführlich kommentiert wird, verbinden sich für die Helgoländer Einwohner als Zeitzeugen schmerzliche Erinnerungen. Die Geschichte der Freiwilligen Feuerwehr wurde jedoch auch im »Dritten Reich« fortgeschrieben und darf deswegen nicht ausgelassen werden. Aufzeichnungen sind im und nach dem Krieg verlorengegangen. Feuerwehrangehörige, die in dieser Zeit an verantwortlicher Stelle tätig waren, leben nicht mehr. Diejenigen, die über diese Zeit aus dem Gedächtnis hätten Auskunft geben können, waren dazu nicht bereit. In den Festschriften zum 75jährigen und 80jährigen Jubiläum der Feuerwehr Helgoland wird diese Epoche mit lediglich 16 Zeilen angesprochen, obwohl die Männer und Jugendlichen den Feuerschutz teilweise unter extremen Bedingungen und unter Einsatz ihres Lebens garantieren mußten. Auf die mögliche Unvollständigkeit der folgenden Darstellung wird daher ausdrücklich hingewiesen.

Im gesamten Reichsgebiet nahmen bis 1933 die Freiwilligen Feuerwehren als bürgerliche Vereine die hoheitliche Aufgabe des Brandschutzes wahr. Dies widersprach der Ideologie der neuen Machthaber, die mit dem Anspruch auf einen streng hierarchisch gegliederten Führerstaat angetreten waren. Sie sahen das Feuerlöschwesen als eine wesentliche Aufgabe des Staates an, die nicht von freiwilligen Helfern allein ausgeführt werden durfte, sondern von oben geführt sein mußte. Durch das preußische Gesetz über das Feuerlöschwesen, das am 1. Januar 1934 in Kraft trat, wurde den Freiwilligen Feuerwehren die privatrechtliche Grundlage entzogen. Durch das Polizeirecht wurden die Feuerwehren »Polizeiexekutiven besonderer Art«. In Preußen wurde damit aus den Freiwilligen Feuerwehren Einheiten der Polizei gebildet, im weiteren »Feuerlöschpolizei« genannt. Wahlen der Führungspersonen waren nicht mehr vorgesehen. Die Wehrführer waren an Beschlüsse des Wehrvorstandes nicht gebunden. Die Freiwilligen Feuerwehren hatten somit aufgehört zu existieren.

Neben dem genannten Gesetz wurden bezüglich der Dienstkleidung entsprechende Vorschriften erlassen. Ab 1934 mußten die Einsatzkräfte nach der Dienstkleidungsvorschrift den Wehrmachtshelm in schwarz tragen.

Die Einbindung der ehemals freiwilligen Helfer in den Polizeidienst lag natürlich im Interesse des Staates und war eine direkte Vorbereitungsmaßnahme auf Kriegshandlungen. Bewußt kalkulierte man ein, daß der Schutz der Zivilbevölkerung parallel zur Aufrüstung der Reichswehr entwickelt wurde. Die Bevölkerung sollte damit beruhigt werden, und man wollte gleichzeitig zeigen, daß die Heimatfront gut verteidigt würde.

Diese Maßnahmen galten auch für die Helgoländer Feuerwehr und ihre Mitglieder, sofern sie nicht für den Dienst an der Waffe geeignet waren. Die Feuerwehren hatten ab 1935 aktiv an den Sammlungen des Winterhilfswerkes teilzunehmen. Als »Feuerlöschpolizei« war die Feuerwehr verpflichtet, sich anläßlich des Tages der deutschen Polizei entsprechend darzustellen.

Ein wesentlicher Schritt zum endgültigen Bruch mit den bisher unmilitärischen Feuerschutztraditionen war die Einführung der Dienstkleidungsvorschrift von 1936. In ihr wurde verfügt, daß die Angehörigen der »Feuerlöschpolizei« dunkelblaue Tuchuniformen mit militärischen Schulterklappen, Koppeln und Seitengewehr, dazu den schwarzen Stahlhelm zu tragen hatten. Die alten Uniformen, die Pickelhauben und Lederhelme verschwanden aus der Öffentlichkeit.

Bild 5: Feuerwehrmann Adolf Hesse in neuer Uniform.

Bild 10: Das bombensichere Gerätehaus, Anfang des Krieges 1941. Eine Übung mit der Anhängeleiter wird vorbereitet.

Durch einen Erlaß des Reichsministers des Innern und des Reichsministers für Luftfahrt wurden die Feuerwehrführer am Beginn des Jahres 1936 angewiesen, Schulungskurse zu besuchen, in denen sie auf das im Juni 1936 in Kraft tretende Reichsluftschutzgesetz vorbereitet werden sollten.
Gleichzeitig wurden Feuerwehrführern polizeiähnliche Funktionen übertragen. 15 Tage vor Beginn des II. Weltkrieges wurde eine Vereinbarung zwischen dem Reichsführer SS und Chef der deutschen Polizei und dem Reichsjugendführer im Reichsgebiet getroffen mit dem Ziel, 300 Jugendfeuerwehren kurzfristig aufzustellen.

Bild 11: Vorführung einer »KOEBE«-Pumpe am 6. 11. 1937 am Hafen.

Bild 12: Feststellung der absoluten Ansaughöhe der neuen Pumpe. Im Bild von links: Herr Windhorst (Lieferant), ein Unbekannter, Ing. Friedel mit Protokollbuch, E-Meister Plank, Werkstatt-Meister Franke, Mann mit Meßstange, Baurat Gotha, ein Unbekannter.

Am 24. Oktober wurden per Erlaß die Feuerwehrverbände der Länder aufgelöst. In Ergänzung zur Vereinbarung vom August 1939 wurde per Runderlaß am 13. April 1941 verfügt, daß die Jugendlichen nicht nur in Spielerei, sondern in Erfüllung einer wichtigen Kriegsaufgabe im Dienste der Landesverteidigung zum Dienst in den »Jugendfeuerwehren« verpflichtet seien. Ab 1942 wurden Jungen ab der achten Volksschulklasse dienstverpflichtet, den Brandschutz in ihren Heimatgemeinden sicherzustellen.

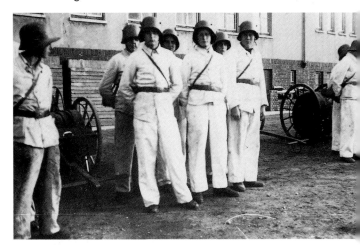

Bild 9: Die Jungfeuerwehr im Jahre 1942, angetreten bei der Kaserne.

Aufgrund der gesetzlichen Vorschriften wurde bei Kriegsausbruch 1939 die Feuerwehr auf etwa 120 Mann vestärkt. Zusätzlich wurden aus Jugendlichen vier Löschgruppen gebildet, die den Feuerschutz der Insel verstärkten. Ein Teil der Jungen gehört noch heute der Wehr an. Im Unterland sowie im Oberland wurden ständige Feuerwachen in Gruppenstärke eingerichtet, die sich aber später auf den Nachtdienst beschränkten. Sämtliche Einrichtungen des behördlichen

Luftschutzes (Gasspür- und Entgiftungsdienst, Bergungstrupps usw.) wurden dem Befehl der »Feuerlöschpolizei« untestellt. Bei den Luftangriffen auf die Insel wurden unzählige Einsätze der Feuerlöschpolizei geleistet. Neben der Feuerwehr war auch das Deutsche Rote Kreuz in den schlimmen Kriegstagen besonders gefordert. Die Bergung der Verletzten war jedoch ausschließlich Angelegenheit der Feuerwehr. Während der Alarmzeiten wurde die Ortschaft durch Angehörige der Feuerlöschpolizei bewacht.

Bild 6: Sturmflut 1936: Der Keller vom »Seehund« muß gelenzt werden. Am gleichen Tage versank das Feuerschiff »Elbe 1«.

Bild 7: Nach dem Brand der Brausefabrik Brust auf dem Unterlande, werden die Brandreste beseitigt (1941).

Die Inselfeuerwehr hat in den Kriegsjahren viele schwere Einsätze fahren müssen. Damit hat sie jedoch auch ihre Verbundenheit zur Bevölkerung unter Beweis gestellt.

Bild 8: Die Feuerwehr im Bunker: o.R.v.l.: Hans Haas, James Lorenzen, Karl Schulenburg; 2. Reihe: Max Aeuckens, Peter Reimers, Andreas Holtmann; u. Reihe: Richard Hornsmann, Jacob Oelrichs, Eduard Reimers.

Bild 13: Das Unterland brennt nach einem schweren Angriff am 15. 10. 1944.

Wer war Erwin Weber, der die Chronik von Helgoland geschrieben hat?
Er hat die Geschichte der Insel Helgoland in der Zeit von 1584–1933 aufgeschrieben und als Chronik verfaßt. Dabei konnte er auf die noch vorhandenen Unterlagen der Kirche und der Gemeinde zurückgreifen. Darüber hinaus hat er ein Verzeichnis über die vollständige Helgoland-Literatur erstellt. Er war von der Regierung zum Archivpfleger bestellt worden und bemühte sich während der Kriegsjahre 1939–1945 um die Sicherung der auf der Insel vorhandenen Archivgüter. Während der Angriffe führte er im Stollen in der Siemensterrasse die Nachtaufsicht.

Bild 14/15: Die erste Feuerlöschpumpe nach dem Kriege wird auf dem Nord-Ost-Gelände begutachtet (1953).

Der Wiederbeginn ab 1953

Die zweite Evakuierung der gesamten Bevölkerung nach der verheerenden Bombardierung am 18. April 1945 und die große Sprengung am 18. April 1947 schienen das Schicksal unserer Heimatgemeinde besiegelt zu haben. Sieben Jahre mußten die Helgoländer hoffen und bangen. Viele Menschen setzten ihre ganze Kraft daran, die Insel für die angestammten Einwohner zu deren Rückkehr freizubekommen.

Am 1. März 1952 wurde die Insel endlich zur Wiederbesiedelung freigegeben – ein großer Tag in der Geschichte Helgolands! Mit der Übergabe in eine deutsche Verwaltung war der Anfang gemacht. Die Enttrümmerung und der Wiederaufbau der Gemeinde Helgoland folgten.

Auch die Feuerwehr hatte Pionierarbeit zu leisten. Obgleich die Verantwortlichen gleich zu Beginn des Wiederaufbaus Gerätschaften zur Sicherstellung des Brandschutzes mit auf die Insel brachten, war an den Betrieb einer Feuerwehr noch nicht zu denken. Die Trümmerräumung und die Beseitigung der noch vorhandenen Sprengkörper standen im Vordergrund. Viele Arbeiten mußten unter permanenter Lebensgefahr ausgeführt werden. Erst nachdem die ersten Unterkünfte auf dem Nord-Ost-Land errichtet waren und auch im Südhafengelände provisorische Gebäude standen, galt es, den Brandschutz hierfür zu garantieren.

Am 28. Dezember 1953 wurde die Freiwillige Feuerwehr nach über 18 Jahren erneut ins Leben gerufen. Der Kreis Pinneberg, dem die Insel verwaltungsmäßig zugehört, stellte einen Pkw-Anhänger mit einer Tragkraftspritze, TS 8/8, und einige wenige Ausrüstungsgegenstände zur Verfügung. Viele Feuerwehrinteressierte wurden aktive Mitglieder der Wehr. Darunter auch solche, die schon vor dem Krieg Mitglieder gewesen waren.

1958 übernahm die Feuerwehr Helgoland ihre ersten motorbetriebenen Fahrzeuge, einen VW-Kastenwagen, sowie einen Krankentransportwagen gleichen Typs. Ab 1960 konnten mit den Hummerbuden geeignete Räume von der Gemeinde zur Verfügung gestellt werden. Das Einsatzgerät und die Fahrzeuge wurden an einer zentralen Stelle gelagert bzw. untergestellt. Im Zuge des Wiederaufbaus des Oberlandes plante die Gemeinde Helgoland den Neubau eines Feuerwehrhauses. Um den hohen Anforderungen gerecht werden zu können – die Gemeinde war auch für den Rettungsdienst zuständig –, wurden Anfang der 60er Jahre zwei hauptamtliche Kräfte eingestellt. Einerseits hatten sie den Krankentransport sicherzustellen. Andererseits konnten nun die aufwendigen Wartungsarbeiten an den Einsatzgeräten garantiert werden.

Bild 16: Der erste motorbetriebene Feuerwehrwagen auf dem Oberland im Jahre 1958.

Bild 19: Vor dem Gerätehaus Unterland, die Einsatzfahrzeuge des Zuges Unterland (1967).

1965 bezog die Feuerwehr ihr neues Domizil wieder auf dem Oberland. Neben drei Fahrzeugständen für die Feuerwehr und einer Garage für den Krankentransportwagen (KTW) waren Lagerräume, ein Schulungsraum sowie im Teilkeller eine Schlauchwascheinrichtung geschaffen worden. Weithin sichtbar ist der 16 Meter hohe Schlauchturm ein Wegweiser zum Standort der Feuerwehr.

Bild 58: Blick auf den Schlauchturm des Gerätehauses Oberland. Die Klappen des Turmes sind in den Farben Grün/Rot/Weiß gehalten, darüber die Krone.

Ein Feuerwehrhaus erzählt aus seinem Leben:

»28 Jahre bin ich jetzt alt. Im Gegensatz zur Feuerwehr also noch ein Jüngling. Aber was ich alles durchmachen muß, damit die Menschen ruhig schlafen können, das kann sich wohl kaum einer so richtig vorstellen. Gern erinnere ich mich an meine Entstehung. Es war wohl Ende 1964, als die Grundsteinlegung gefeiert werden konnte. Zügig ging der Bau voran, und ich bekam so langsam mein heutiges Aussehen. Schmucke Holztore für die Garagen und mein Kollege, der Schlauchturm, prägten mein Gesicht. Die Feuerwehrkameraden haben sehr schnell von mir Besitz ergriffen und die Räumlichkeiten mit Leben erfüllt. Zu Beginn wurde in einer meiner Garagen noch der Krankentransportwagen stationiert, und die beiden Krankenwagenfahrer waren gleichzeitig als Gerätewarte tätig. Oft wurde ich in den Nachtstunden aus dem Schlaf gerissen, weil ein Noteinsatz erforderlich war. Ganz schön aufregend war es immer, wenn in den 60er Jahren, als es noch keinen Hubschrauberlandeplatz gab, der Einsatz eines Rettungshelicopters der SAR notwendig wurde. Dafür mußte die Feuerwehr immer den Brandschutz sicherstellen. Mit dem alten Leiterwagen – welch ein schmuckes Fahrzeug! (ein VW-Transporter alter Bauart mit geteilter Frontscheibe und einer schön lackierten Holzdrehleiter) – wurde der Pulverlöscher zum provisorischen Landeplatz am Südhafen gebracht. Zwei weitere Fahrzeuge mußten in den Nachtstunden zum Ausleuchten der Landefläche erscheinen. Das lief alles recht prima ab und war schnell zu einem Routineeinsatz geworden.

Mehrere Wehrführer habe ich genossen. Zuerst Carl Plank, später dann Sygurd Ohlsen und nun seit fast zehn Jahren schon Hauptbrandmeister Hans Kohaupt. Nicht, daß ich mit ihm nicht klar käme, ganz im Gegenteil, aber er hat in den letzten zehn Jahren so viele Veränderungen an mir vornehmen lassen, daß ich mich kaum wiedererkenne. Erst mußte in der Fahrzeughalle einiges geändert werden, dann konzentrierten sich die Bemühungen auf meinen schönen Schulungssaal im Obergeschoß: Selbst die sanitären Anlagen wurden verändert, und im unteren Flur wurde eine Schauvitrine für die Museumsstücke eingebaut. Selbst meine geliebten Schwingtore mußten dran glauben. Jetzt sind die Öffnungen zu den Fahrzeugen mit modischen Rolltoren versehen, die unter die Decke laufen. Nicht so schön wie die Schwingtore, aber praktisch. Und die Fahrzeuge erst! 1985 hat man mir einen siebeneinhalb Tonnen schweren Einsatzwagen auf die Fundamente gestellt. Zuerst waren wir uns nicht ganz grün, aber im Laufe der Zeit haben wir uns gut angefreundet, denn das Tanklöschfahrzeug ist ja die stärkste Waffe, die die Feuerwehr bei der Brandbekämpfung zur Verfügung hat. Mit 2400 Litern Wasser und allem, was dazugehört, können meine Feuerwehrkameraden schnell zum Einsatzort gelangen.

Im Jahre 1985 ging mein Gerätewart Heinrich Bebber in den Ruhestand, und ein junger Kfz-Mechaniker übernahm seinen Job. Ich war erst einmal sprachlos, was der alles in Bewegung setzte, damit die Werkstatt mit neuem Werkzeug ausgerüstet wurde. Das alte Materiallager wurde entfernt, und die Atemschutzgerätewarte bauten sich eine neue Werkstatt ein. Die lange Schlauchwanne, in der die Druckschläuche regelmäßig ein Reinigungsbad durchlaufen mußten, wurde halbiert, und und, und.

Zwei neue Fahrzeuge stehen jetzt neben dem Tanklöschfahrzeug; ein Tragkraftspritzenfahrzeug und ein Gerätewagen. Die Anhänger sind weniger geworden, und einen neuen Gerätewart habe ich auch zur Aufsicht bekommen. Helmut Huckfeldt, ein gestandener Kfz-Mechaniker, der lange bei der Kurverwaltung auf der Düne gearbeitet hatte. Er ist die Ruhe in Person und macht seine Arbeit vorzüglich. Ich hoffe, daß er lange bei mir im Gebäude bleibt, denn er arbeitet sehr selbständig und freut sich über seinen neuen Job. Immer, wenn ihm etwas besonders gut gelungen ist, ist er zufrieden, und seine Freude ist ihm anzusehen.

Ein bißchen Angst habe ich vor der Zukunft, weil ich auf dem Unterland wohl einen großen Bruder bekommen soll, aber noch ist es ja nicht soweit, und ich werde noch gebraucht. Manchmal wünsche ich mir allerdings, daß meine Wände aus Gummi wären. Dann könnte man mich aufblasen und für Lagerzwecke wäre mehr Platz vorhanden.

Die schönsten Tage sind immer dann, wenn Dienst ist, nämlich montags. Ab 20.00 Uhr wird in meinen Räumen geübt, gewerkelt und geputzt, und manchmal beherberge ich auch Gäste von anderen Feuerwehren, die z.B. zum Frühschoppen zu Besuch nach Helgoland kommen. Oft habe ich bemerkt, daß die Festländer sehr erstaunt waren über die gute Ausrüstung und die große Anzahl von aktiven Mitgliedern meiner Freiwilligen Feuerwehr.

Verwundert war ich, als plötzlich Frauen in der Feuerwehr mitmachen wollten. Was für Einwände dagegen sprachen und wer dagegen war, ist mir bekannt. Es muß aber keiner fürchten, daß ich dies ausplaudere. Ich kann schweigen wie ein Grab.

Meiner Feuerwehr wünsche ich alles Gute zum 100. Geburtstag. Ich hoffe, daß Sie mich gut pflegen, damit ich auch noch in 50 Jahren dazugehöre.«

Die insulare Lage Helgolands zwingt die Selbstverwaltung dazu, einen weitaus höheren Beitrag zur Sicherstellung des Brandschutzes zu leisten, als Gemeinden derselben Größe auf dem Festland es als notwendig ansehen.

Eine Besonderheit der Insel und ihres Feuerlöschwesens ist die Löschwassergewinnung. Obwohl die Insel sozusagen mitten in der Nordsee liegt, ist die Löschwassergewinnung auf Helgoland ein Problem, denn das salzhaltige Nordseewasser wäre zwar zum Feuerlöschen zu gebrauchen, aber Salpeterausblühungen im Mauerwerk des Gebäudes hervorrufen und somit ebenfalls Schaden anrichten.

Bei Beginn des Wiederaufbaus wurden Möglichkeiten geprüft, die Löschwasserversorgung zentral sicherzustellen. Dafür wurde ein Hydrantennetz geschaffen, so daß die Löschwasserentnahme an vielen verschiedenen Punkten der Insel möglich ist. Die Löschwasserleitung wird durch Pumpen im Helgoländer Energiezeugungswerk mit Wasser versorgt. Es kann jedoch passieren, daß die vorhandenen Wassermengen nicht ausreichen, um einen Brand zu löschen. Sollte mehr Wasser benötigt werden, werden zunächst die in unmittelbarer Nähe liegenden Trinkwasserzisternen angezapft. Diese Zisternen sind in fast jedem Haus vorhanden, weil die Helgoländer das Regenwasser auffangen und über einen Filter gereinigt in einen Vorratsbehälter laufen lassen. Dieses Wasser wird zum Wäschewaschen benutzt, aber auch zum Grogtrinken beispielsweise. Erst wenn keine ausreichende Löschwassermenge mehr vorhanden ist, wird in die Feuerlöschleitung Meerwasser eingespeist. Dies passiert

Bild 20: Von links: Krankentransportwagen, Unimog mit Tragkraftspritzenanhänger (TSA), Gerätewagen, Tragkraftspritzenfahrzeug (TSF), Sonderfahrzeug »Leiter« mit Pulverlöscher, 2. Tragkraftspritzenfahrzeug, aufgereiht für das Jubiläumsfoto zur 75-Jahr-Feier der Wehr 1968.

in der Regel jedoch nur bei wirklich großen Einsätzen oder wenn das Feuer droht, auf benachbarte Gebäude überzugreifen.

Im Laufe der Jahre konnte der Fahrzeugpark der Feuerwehr erheblich erweitert werden. Wie schon vor dem Krieg war eine Aufteilung der Mannschaften in zwei Löschzüge aus einsatztaktischen Gründen erforderlich. Je ein Zug wurde im Unterland (Teil der Hummerbuden) und im Feuerwehrhaus auf dem Oberland stationiert. Entsprechend waren die erforderlichen Einsatzgeräte verteilt. Nach der Anschaffung zweier VW-Transporter in den Jahren 1964 und 1965 war das ebenfalls 1965 gekaufte Sonderfahrzeug »Leiter« ein Novum im Gerätebestand der Feuerwehr Helgoland. Auf einem VW-Transporter »Pritsche« war eine handbetriebene 10-m-Drehleiter von Metz aufgebaut. Damit wurde auch die Rettung von Personen aus den Obergeschossen der Fremdenheime gewährleistet. Der Krankentransport belastete die beiden hauptamtlichen Feuerwehrangehörigen, Egon Hofrichter und

Bild 17: Wechsel bei den Krankentransportwagen. Im Vordergrund der neue, dahinter das alte Fahrzeug. Davor Kamerad Sygurd Ohlsen (1966).

Bild 18: Drei auf einen Streich: v.l. stellv. Gemeindewehrführer James Janssen, Ehrenwehrführer Carl Plank, Gemeindewehrführer Sygurd Ohlsen anläßlich eines Fackelumzuges im Jahr 1968 (75 Jahre FF. Helgoland).

Heinrich Bebber, erheblich. Bis zu 1500 Fahrten hatten sie pro Jahr zu leisten. Die Übernahme des Rettungsdienstes durch den Kreis Pinneberg im Jahre 1971 und die Eingliederung an das Gemeindekrankenhaus führten zu einer spürbaren Entlastung. Kamerad Egon Hofrichter wechselte zum Rettungsdienst, Kamerad Heinrich Bebber wurde hauptamtlicher Gerätewart der Feuerwehr.

Carl Plank, der die Feuerwehr seit 1935 geleitet hatte und ihr seit 1923 angehörte, schied nach Erreichen der Altersgrenze aus dem aktiven Dienst aus. Zu seinem Nachfolger wurde Sygurd Ohlsen gewählt. Sein Stellvertreter blieb weiterhin James Janssen, der gemeinsam mit Carl Plank die Feuerwehr nach dem Krieg und während des Wiederaufbaus geführt hatte. Um Nachwuchs für die Reihen der Freiwilligen Feuerwehr zu gewinnen und den Jungen neben Sport und Schule eine Möglichkeit zur sinnvollen Freizeitgestaltung zu bieten, wurde im Jahre 1964 die Jugendfeuerwehr unter der Leitung von Kamerad Harry Harlichs gegründet.

Bild 36: Die noch junge Jugendfeuerwehr Helgoland beim Umzug »75 Jahre Deutsch« im August 1965.

Die Jugendfeuerwehr der Gemeinde Helgoland

Die Heranführung von Jugendlichen an die Aufgaben einer Freiwilligen Feuerwehr steht im Mittelpunkt der Tätigkeit unserer Jugendfeuerwehr. Neben 38 aktiven Wehrmännern gab es nun in der Feuerwehr auch 18 jugendliche Feurwehrangehörige. In guter Zusammenarbeit mit Eltern und Schule begeisterte Harry Harlichs die Jungen in sportlichem Spiel für die Aufgaben der Wehr. Daß seine Bemühungen für einen sicheren Start auf der Grundlage echter Kameradschaft nicht umsonst waren, bewies sich auch unter seinem Nachfolger. Oberfeuerwehrmann Hans Kohaupt übernahm 1967 das Amt des Jugendwartes. Zu dieser Zeit zählte die Jugendfeuerwehr 21 Mitglieder, die in diesem Jahr unter anderem einen Erste-Hilfe-Lehrgang absolvierten.

Dank der Unterstützung der Versorgungsbetriebe Helgolands konnte eine alte Pumpe, TS 4/4 (Flader/Jöhnstadt), runderneuert werden und stand somit für die Ausbildung nach der Feuerwehrdienstvorschrift 4 – »die Gruppe im Löscheinsatz« – zur Verfügung. Noch im selben Jahr wurde das Seebäderschiff »Roland v. Bremen« besichtigt, das eine sehr moderne Löscheinrichtung besaß. Auch in der Öffentlichkeit stand die Jugendfeuerwehr »ihren Mann«. Mehrere Zisternen konnten dank der instand gesetzten Pumpe mit Wasser gefüllt werden, eine wichtige Angelegenheit, denkt man an die Schwierigkeiten der Löschwasserversorgung auf Helgoland.

Das Jahr 1968 war geprägt von Vorbereitungen zum Erwerb der Leistungsspange. Die Gemeinde besorgte eine neue Tragkraftspritze, TS 4/5, von Ziegler, die für

Bild 37: »Kein Meister fällt vom Himmel«. Die jugendlichen Feuerwehrangehörigen üben den Einsatz der Pumpe, einer FLADER-Pumpe.

Bild 41: Beseitigung eines alten Börtebootes auf dem Südhafengelände. Eine willkommene Abwechslung für die Jugendfeuerwehr, die den Brandschutz sicherte (1971). Heute ist diese Entsorgungsmethode wohl nicht mehr denkbar.

die Jugendarbeit eine wertvolle Hilfe darstellte. Ihren Aufenthaltsraum renovierten die jungen Leute selbst. 28 Jugendliche gehörten der Jugendfeuerwehr nun an. Kameradschaft und die Ausbildung im feuerwehrtechnischen Bereich, wobei auch der Spaß nicht zu kurz kam, bestimmten die Entwicklungsjahre der Jugendfeuerwehr. Immer noch wurde fleißig für den Erwerb der Leistungsspange geübt, in der Hoffnung die Prüfung mit Erfolg zu bestehen. Bei den Löschübungen der aktiven Wehr wurde die Jugendfeuerwehr beteiligt. Die Ausgehuniformen wurden auch für die Jugendlichen selbstverständlich, dank großzügiger Spenden aus der Bevölkerung und Zuschüssen der Gemeinde. Die Teilnahme an einem Zeltlager im Kreis Eckernförde war 1971 ein Höhepunkt in der noch jungen Geschichte der jungen Brandschützer. Darüber hinaus konnten einige Jungen an einer Studienfahrt nach Berlin teilnehmen.

Aufgrund der Bemühungen des Jugendwartes Hans Kohaupt und durch Vermittlung des damaligen Gemeindewehrführers Sygurd Ohlsen wurden freundschaftliche Beziehungen zur Jugendfeuerwehr aus Neuenkruge-Borbek (Landkreis Ammerland in Niedersachsen) geknüpft. Der Kamerad Wilhelm Lücken aus Neuenkruge-Borbek hatte sich gemeinsam mit der Inselfeuerwehr um diese Freundschaft bemüht. Im Jahre 1975 wurde diese Freundschaft durch die Unterschriften der beiden Bürgermeister und der Gemeindewehrführer im Rathaus der Insel Helgoland feierlich besiegelt anläßlich der 10-Jahr-Feier der Jugendfeuerwehr Helgoland. Die Patenschaft für die Jugendfeuerwehr Neuenkruge-Borbek wurde durch gegenseitige Besuche vertieft. Darüber hinaus besuchten die Mitglieder der Helgoländer Jugendfeuerwehr verschiedene Zeltlager, so z.B. 1979 in Moorrege. Oft wurden die Jugendlichen vom stellvertretenden Jugendwart Nickels Bartz begleitet, der sein Handwerk schon in der Jugendfeuerwehr erlernt hatte und mit viel Eigeninitiative für ihre Belange eintrat.

Im Schneewinter 1979 hat sich die Jugendfeuerwehr an der Räumung der Straßen, insbesondere aber an der Räumung der Zuwege zum Altenheim, beteiligt. Dafür wurde ihr der besondere Dank der Anwohner zuteil.

Mit dem Wechsel an der Spitze der aktiven Wehr im Jahre 1983 war auch die Neuwahl eines Jugendwartes erforderlich geworden, da Hans Kohaupt nun Führer der aktiven Wehr wurde. Der bis dahin als stellvertretender Jugendwart tätige Nickels Bartz wurde nun zum Haupt der Jugendfeuerwehr gewählt. Er knüpfte weitere freundschaftliche Verbindungen zu den Jugendfeuerwehren im Kreis Pinneberg, so daß die Teilnahme an Sommerzeltlagern zu einem festen Bestandteil des Jugendfeuerwehrlebens wurde.

Bild 38: Die Jugendfeuerwehr ist angetreten zum Übungsdienst (1983).

Bild 40: Die Wettkampfgruppe der Jugendfeuerwehr Helgoland beim Zeltlager in Pinneberg.

gendlichen helfen auch bei der Organisation des Weihnachtsmarktes der Freiwilligen Feuerwehr Helgolands, der alle zwei Jahre stattfindet.

Die Jugendfeuerwehr ist unser Garant dafür, daß der Nachwuchs in der Feuerwehr auch in Zukunft gesichert ist. Dennoch müssen sich die Verantwortlichen darüber im klaren sein, daß die Aufgabe »Jugendfeuerwehr« nicht nur nebenbei, sondern mit vollem Einsatz erfüllt werden muß. Die Jugendfeuerwehr ist immer nur so gut wie die sie tragenden aktiven Mitglieder einer Wehr. Die Zukunft wird uns beweisen, ob wir

Bild 39: Der E-Jeep der Jugendfeuerwehr ist immer wieder Anziehungspunkt für die Kinder auf Straßenfesten oder wie hier anläßlich des Tages der offenen Tür.

Ihr 20jähriges Bestehen feierte die Jugendfeuerwehr vom 19. bis 24. April 1984. Als Gäste waren über 200 Jugendfeuerwehrkameraden aus dem Kreis Pinneberg und von der Patenjugendfeuerwehr aus Neuenkruge-Borbek nach Helgoland gekommen. Ein entsprechendes Rahmenprogramm und die Ausrichtung von Wettkämpfen, daneben ein ausgeprägtes Lagerleben, werden dieses Ereignis lange in den Erinnerungen haften lassen.

Der Umfang der Arbeit der Jugendfeuerwehr läßt sich auch daran messen, welche besonderen Veranstaltungen außerhalb des Übungsdienstes von den jungen Kameraden mitgestaltet werden. Die Reihe der Aktivitäten reicht von der Teilnahme am jährlichen Straßenfest, über das Aufstellen ihres »Long vehicle« und den Verkauf von Waffeln und alkoholfreien Geränken, bis zu den Spielen für die Kleinen, die als besonderen Spaß in den »Feuerwehrjeep« klettern dürfen. Die Ju-

Bild 42: Die Jugendfeuerwehr vor ihrem Zelt beim Zeltlager 1990 in Rellingen/Kr. Pinneberg.

dieser schwierigen, aber auch schönen Aufgabe gewachsen sind.

Der Spielmannszug

1967 gründeten die Kameraden Heinrich Bebber und Heinz Herzog den Spielmannszug der Freiwilligen Feuerwehr Helgoland. Als musikalischer Botschafter unserer Heimatinsel hat dieser Musikzug Helgoland bei vielfältigen Auftritten im In- und Ausland vertreten. Heute existiert er leider nicht mehr. Das Aufblühen und die Entwicklung des Spielmannszuges beschreibt der folgende Abschnitt:
Der Spielmannszug der Freiwilligen Feuerwehr Helgolands verdankt seine Entstehung sechs musikfreudigen und zielstrebigen Feuerwehrkameraden. Es war ein sehr schwieriges Unterfangen, das die Feuerwehr Helgolands auf dem Gebiet der Jugend- und Kulturarbeit in Angriff genommen hatte. Diese Schwierigkeit bestand ganz einfach darin, daß es keinen ausgebildeten Musiker gab. Nur Heinz Herzog konnte Noten lesen und besaß Kenntnisse der Harmonielehre, die er zwar weitergeben konnte, aber selbst die musikalischen Ausbilder des Spielmannszuges mußten sich diese Kenntnisse aneignen. Erst dann konnten sie sie an ihre Schützlinge weitergeben. Heinz Herzog, der auch Mitglied der bekannten »Helgoländer Skiirskotten« war, und Heinz Bebber hatten es sich zur Aufgabe gemacht, aus einer kleinen Schar von Trommlern und Querflötenspielern einen Spielmannszug zu formieren. In mühevoller und oft aufopfernder Arbeit setzten sie diesen ihren Traum Schritt für Schritt in die Tat um.

Bild 43: Der Spielmannszug im Gründungsjahr 1967: v.l. 1. Reihe: M. Rickmers, Peter Botter, Andrea Bebber, Hugo Kirchner, Claus Reymers, Arno Bebber, Margret Bebber, Birgitt Kressdorf, 2. R.v.l.: Angelika Huke, Ulf Claasen, Karl-Walter Klings, Anke Siemens, Leiter des Spielmannszuges Heinrich Bebber, h. R. v.l.: Helmut Lorenzen, Christa Bebber, Gerhard Goemann, Paul Bebber, Hans Kohaupt, Jens Friedrichsen.

In den 70er Jahren war der Spielmannszug aus dem Kulturleben der Insel Helgoland nicht mehr wegzudenken und zu einem Repräsentanten der Insel und ihrer Freiwilligen Feuerwehr geworden. Wo immer der Spielmannszug auf dem Festland zu einem Konzert aufmarschierte und die Farben unserer Heimatinsel (Grün, Rotweiß) vertrat, ernteten die Jungen und Mädchen Sympathie, Anerkennung und Beifall.

Die Helgoländer Bevölkerung hatte ihren finanziellen Anteil daran, daß der Spielmannszug schon nach recht kurzer Zeit in der Feuerwehruniform auftreten konnte. Dank eines Aufrufes des damaligen Bürgermeisters Henry Peter Rickmers wurden etwa 900 Mark gespendet, und die bis dahin getragenen weißen Jacken konnten gegen das blaue Tuch ausgetauscht werden.

1967 mit 13 Jugendlichen und Erwachsenen gegründet, zählte der Spielmannszug ein Jahr später bereits 23 Mitglieder. Immerhin 20 Auftrittsgelegenheiten ergaben sich in diesem Jahr. Ein besonderer Anlaß war die 75-Jahr-Feier der Feuerwehr Helgoland.

Die erste Bewährungsprobe bestand der Spielmannszug bei einem Wettstreit der schleswig-holsteinischen Feuerwehrmusikzüge 1969 in Appen (Kreis Pinneberg). Von möglichen 120 Punkten erhielten die Helgoländer Jungen und Mädchen 98. Das Repertoire umfaßte 13 Musikstücke. Die Teilnahme des Zuges an den Feierlichkeiten zum 800jährigen Bestehen der Stadt Gelnhausen war einer der glanzvollsten Auftritte auf dem Festland.

Höhepunkt aller musikalischen Wettstreite war die Teilnahme an einem internationalen Wettbewerb in Groningen/Niederlande. Dort erreichten die Jungen und Mädchen den zweiten Platz.

Durch seine vielen erfolgreichen Auftritte – auch außerhalb der Gemeinde Helgoland – hat der Spielmannszug wesentlich zu dem hohen Ansehen beigetragen, das die Freiwillige Feuerwehr in der Öffentlichkeit genießt. Leider fehlte für ein Fortbestehen der Nachwuchs, heute existiert der Spielmannszug nicht mehr. Die Instrumente werden von der Feuerwehr noch aufbewahrt, doch gibt es momentan wenig Hoffnung auf ein Wiederaufleben des Helgoländer Spielmannszuges.

Bild 44: Begrüßung des Lazarettschiffes »Helgoland« anläßlich seiner Rückkehr aus dem Kriegsgebiet von Da Nang (Vietnam) auf der Helgoländer Reede durch den Spielmannszug.

1968 feierte die Feuerwehr ihr 75jähriges Bestehen mit vielen Freunden aus dem In- und Ausland. Der Inselbevölkerung und den Gästen stellte sich eine moderne Feuerwehr dar, die allen gestellten Anforderungen jederzeit gerecht werden konnte. Der Feuerwehrball in der »Nordseehalle«" ist vielen heute noch in guter Erinnerung.

Bild 22: Fahnenweihe im Pavillon durch den Kreiswehrführer Walter Michau. Rechts im Bild die Kameraden James Müller und Agge Classen (†).

Bild 21: Übergabe der vom VW-Werk gestifteten Feuerwehrfahne. V.l.: Verkaufsleiter Wilhelm Hauck (VW), Bürgervorsteher Peter H. Botter (†) und der damalige Bürgermeister Henry P. Rickmers.

Bild 23: Die aktiven Mitglieder der Feuerwehr Helgoland im Jahre 1968.

Gemeindewehrführer Sygurd Ohlsen und sein Stellvertreter James Janssen waren bemüht, die Ausrüstung und die Ausbildung der aktiven Feuerwehrangehörigen ständig zu erweitern. 1970 wurde James Janssen durch den Kameraden Bruno Klüwer abgelöst.
Die Feuerwehr leistete pro Jahr etwa 40 Einsätze. Dabei gab es besondere Ereignisse, die noch heute immer wieder erzählt werden, um den jungen Feuerwehrangehörigen die reichhaltigen Erfahrungen vermitteln, die die Feuerwehrleute aus den einzelnen Einsätzen gewonnen hatten.
1971: Spektakulär war der Einsatz auf der »Wappen von Hamburg«, wobei die Feuerwehr in sehr kurzer Zeit mit den Bortebooten am Brandobjekt war und somit größeren Schaden verhindern konnte. Der Sachschaden blief sich auf ca. 180 000 Mark, der Gesamtwert des Schiffes war auf 10 Mio. Mark geschätzt worden.

Bild 26: Anläßlich einer Schauübung auf dem Schulhof wird auch der Pulverlöscher eingesetzt. Die Kameraden Lothar Dziesiaty und Manfred Freymann stellen die Einsatzfähigkeit her.

Bild 28: Kontrollierter Abbrand einer Baracke am Schwimmbad im Jahre 1964. Eine heute nicht mehr denkbare Ensorgungsmethode.

Bild 31: Schauübung am Rathaus. Im Bild links Kamerad Wilhelm Huke.

1972: Nicht alle Einsätze konnten hundertprozentig erfolgreich beendet werden. Leider gab es auch tragische Ereignisse, wo jede Hilfe nur ein Teilerfolg war. Im Mai 1972 stürzte kurz nach dem Start auf dem Verkehrslandeplatz Helgoland-Düne ein zweimotoriges Verkehrsflugzeug vom Typ »Twin Otter« ab. Nicht nur bei den Verantwortlichen, unter der gesamten Bevölkerung breitete sich Entsetzen aus. Es gab Tote und Verletzte. Dank des schnellen Einsatzes der ständigen Wachbereitschaft der Feuerwehr auf der Düne und anderen Helfern konnte die Explosionsgefahr am Unfallort schnell beseitigt werden. Die Bergung der Toten war für alle ein besonders trauriges Erlebnis. Die Notwendigkeit eines geordneten Brandschutzes auf der Düne hatte sich damit bestätigt, und er sollte in der Zukunft weiter ausgebaut werden.

1972: Einen ähnlich traurigen Ausgang nahm ein anderer Einsatz der Feuerwehr im Januar des Jahres 1972 in einem Wohnhaus auf dem Unterland. Es war zu einem Zimmerbrand gekommen. Die Feuerwehr war sehr schnell am Einsatzort und konnte drei der fünf Bewohner unverzüglich aus dem Hause retten. Die Geretteten konnten jedoch keine genauen Angaben über den Verbleib der beiden anderen Angehörigen machen. Unter schweren Bedingungen wurde mit Atemschutzgeräten nach den Vermißten gesucht. Als der Familienvater und sein kleiner Sohn in dem vorher verschlossenen Schlafzimmer gefunden wurden, war es bereits zu spät. Obwohl sie sofort ins Krankenhaus gebracht wurden, erlagen beide ihren schweren Brandverletzungen und den erlittenen Rauchvergiftungen.

Die Ausrüstung der Feuerwehr wurde in den 70er Jahren erheblich verbessert. Insbesondere der schwere Atemschutz, ohne den heute ein Brandeinsatz nicht mehr denkbar wäre, sowie die Kommunikationseinrichtungen wurden auf den neuesten Stand gebracht. Darüber hinaus konnte die Feuerwehr aus Bundesbeständen einen Daimler-Benz-Unimog mit einem 800-Liter-Wassertank übernehmen, der aber nach vier Jahren ohne erkennbaren Grund wieder von der Insel abgezogen wurde. 1969 kaufte man einen Mannschaftstransportwagen für den Zug Oberland (ohne technische Beladung), 1976 einen neuen VW-Pritschenwagen, auf den die alte Drehleiter montiert wurde, sowie 1979 einen Mannschaftstransportwagen Typ VW Lt 28 für den Zug Unterland.

Bild 24: Der hauptamtliche Gerätewart Heinrich Bebber rüstet den Unimog mit Schneeketten aus.

Kamerad Sygurd Ohlsen begann in dieser Zeit, Exponate für die Einrichtung eines Feuerwehrmuseums auf Helgoland zu sammeln. Diese Sammlung bestand im wesentlichen aus alten Feuerwehrhelmen in Leder und Messing sowie alten Uniformteilen. Darüber hinaus erwarb er eine große Anzahl von Orden und Ehrenzeichen. Die Pflege der Freundschaften zu den festländischen Wehren, besonders im Kreis Pinneberg, und die Förderung der Zusammenarbeit mit dem Kreisfeuerwehrverband, der für die Fortbildung der Helgoländer Feuerwehrangehörigen zuständig war und ist, sind Sygurd Ohlsens besonderer Verdienst.

An die Stelle des stellvertretenden Gemeindewehrführers Bruno Klüwer trat 1976 Kamerad Hinrich Agge Claasen. Für ihn war die Förderung der jungen Feuerwehrleute ein wesentlicher Aspekt seiner freiwillig übernommenen Pflicht als Ehrenbeamter der Gemeinde Helgoland.

Bild 25: Brandschutz für einen Hubschrauber auf dem Sportplatz im Nord-Ost-Gelände 1965. Im Vordergrund Agge Classen, der über Funk Kontakt zum Gerätehaus Oberland hält.

Bild 35: Dachstuhlbrand über dem Funktionstrakt des Gemeindekrankenhauses 1981. Einer der größten Einsätze in der Nachkriegsgeschichte der Feuerwehr.

1980 – 1990
Ein Jahrzehnt der Erneuerungen

Bild 29: Aufräumarbeiten nach einem Dachstuhlbrand im Mehrfamilienwohnhaus Rekwai 407 im Juli 1981.

Unter der Führung von Hauptbrandmeister Sygurd Ohlsen und Oberbrandmeister Agge Claasen begann dieses Jahrzehnt der Helgoländer Feuerwehrgeschichte. Der Gerätebestand konnte in dieser Zeit ständig verbessert werden. Dies ist dem Verständnis der Gemeindevertretung zu danken, die den Wünschen und Forderungen der Feuerwehr durch die Bereitstellung ausreichender Mittel immer gerecht wurde. Im Jahre 1981 wurde ein neues Fahrzeug gekauft. Der VW-Transporter mit Doppelkabine war für den Transport von Geräten zur technischen Hilfeleistung vorgesehen. Er ersetzte den nur noch durch Rost zusammengehaltenen alten Mannschaftstransportwagen aus dem Jahre 1969.

Im Mai des Jahres 1981 brannte der Dachstuhl über dem Funktionstrakt des Gemeindekrankenhauses. Durch massiven Wassereinsatz konnte ein Übergreifen der Flammen auf andere Gebäudeteile verhindert werden. Es entstand jedoch erheblicher Sachschaden. Als Brandursache wurden Schweißarbeiten festgestellt.

Mit diesem Großbrand begann eine ganze Serie von Brandeinsätzen. Im Juni 1981 ist es erneut ein Dachstuhl, der brennt. Diesmal im Rekwai auf dem Oberland. Vermutlich durch einen Kurzschluß in der Antennenanlage wird das Feuer entfacht, das schnell auf den gesamten Dachstuhl übergreift. Wieder wird der massive Einsatz von Wasser erforderlich, um die benachbarten Gebäude zu schützen.

Ende September schon der nächste Brand. Diesmal steht das Baustofflager der Firma Franz Drews am Binnenhafen in Flammen. Die Feuerwehrleute werden zum Einsatz gerufen. Der Gebäudeteil brennt in voller Ausdehnung und findet in dem verschiedenartigen Lagergut reichlich Nahrung. Die Nachbargrundstücke müssen geschützt werden. Dafür ist eine erhebliche Menge Löschwasser erforderlich. Der Rettungskreuzer »Wilhelm Kaisen« erzeugt mit seiner immerhin 30 000 Liter Wasser pro Minute fördernden Wasserkanone einen künstlichen Regen, der den Funkenflug verhindern soll. Der gezielte Einsatz der Wasserkanone zum Löschen des Brandes hätte den »nassen« Abriß der vorgelagerten Lagerschuppen zur Folge gehabt. Nach dem Ende der Löscharbeiten nimmt die Brandermittlungskommission ihre Arbeit auf. Ergebnis: vorsätzliche Brandstiftung, Täter unbekannt. Die Wehrführung berät, was zu tun sei. War es ein einmaliges Ereignis, oder schlägt der Brandstifter erneut zu? »Ruhe bewahren und im Ernstfall schnell zum Einsatz« – wird als Devise ausgegeben.

In der Folgezeit bis zum 10. Oktober 1981 mehren sich die Alarmierungen.

Bild 27: Feuer bei der Firma Meyer, Inselentsorgung. Durch Selbstentzündung hat sich der gelagerte Hausmüll entzündet. Wegen der besonderen Witterungsverhältnisse (Schnee und Kälte) war der gesamte Hof stark vereist und machte den Kräften ordentlich zu schaffen.

Scheinbar hat jemand Gefallen an den roten Autos mit den blauen Lichtern gefunden und daran, daß erwachsene Menschen zu den Gerätehäusern eilen. Meistens ist es »blinder Alarm«. Auf dem Weg zu vermeintlichen Einsatzstelle erhalten die Feuerwehrleute über Funk Nachricht von einer weiteren Schadensstelle. Nervosität macht sich breit in den Reihen der Feuerwehr. Ist es derselbe Täter, oder handelt es sich um einen »Trittbrettfahrer«? Fast täglich, überwiegend in den Abendstunden, wird die Feuermeldestelle mit vermeintlichen Brandmeldungen belästigt. Die Feuerwehrangehörigen können kaum noch ruhig schlafen. In der Nacht vom 10. zum 11. Oktober 1981 ertönen erneut die Alarmsirenen. Den den Gerätehäusern zustrebenden Menschen stellt sich wieder einmal die Frage: »Blinder Alarm oder tatsächlicher Einsatz?« Diesmal brannte es wirklich. Feuermeldung: »Brennt Hafenlabor der Biologischen Anstalt am Binnenhafen!« Unverzüglich gelangen die Einsatzkräfte zur Schadensstelle. Im hinteren Bereich brennt das Gebäude. Betroffen sind insbesondere die Ausrüstungen der Bio-Taucher einschließlich der Druckkammer. Im vorderen Bereich befinden sich Umkleideräume und die Labors der Forscher. Daran schließt der Lagerschuppen für das Fischereigerät der auf Helgoland stationierten Forschungsschiffe an. Ein Übergreifen der Flammen muß verhindert werden. Gleichzeitig ist der Innenangriff unter schwerem Atemschutz erforderlich. Durch den beherzten Einsatz der Mannschaften konnte eine Brandausbreitung verhindert werden. Aus den Labors werden unzählige Unterlagen vor der Vernichtung durch Feuer oder Löschwasser gerettet. Erneut muß die Brandermittlung der Kriminalpolizei nach Helgoland kommen. Sie gelangt zu dem Ergebnis: vorsätzliche Brandstiftung.

Nach diesem Untersuchungsergebnis war es mit der Ruhe in der Feuerwehr endgültig vorbei: Wer kann so etwas tun? Zu welchem Objekt schickt uns der Täter als nächstes? Die Polizei und die Kripo ermittelten unter Zeitdruck, in der Hoffnung, den »Feuerteufel« von Helgoland so schnell wie möglich dingfest zu machen. Ein erster Erfolg, so scheint es, in das Ergreifen des Mannes, der die Feuerwehr seit Wochen mit falschen Alarmierungen auf Trab gehalten hat. Durch eine Fangschaltung der Post konnte der Telefonanschluß ausfindig gemacht und der Anrufer festgenommen werden. Anders im Falle des Brandstifters. Zunächst sind keine Erfolge zu verzeichnen, man kommt nicht weiter. Nach schwieriger Fahndungsarbeit der örtlichen Polizei und der Kripo wurde in Zusammenarbeit mit der örtlichen Feuerwehr ein jugendlicher Tatverdächtiger ermittelt.

Es kam zu einem Gerichtsverfahren mit anschließender Verurteilung in zwei Fällen von Brandstiftung. Traditionsgemäß feierte die Feuerwehr auch in diesem Jahr ihr Gründungsfest, am 28. Dezember 1981. Wegen der besonderen Belastungen, die das Jahr gebracht hatte, fiel die Feier etwas üppiger aus als gewöhnlich. Anläßlich dieser Feier wurde der Polizeihauptmeister Gerd Nawrath zum »Löschmeister, ehrenhalber« ernannt.

Was hat eine Dissertation zur Erlangung des Doktorgrades der Mathematisch-Naturwissenschaftlichen Fakultät der Christian-Albrechts-Universität Kiel zum Thema: »Laboruntersuchungen der larvalen Entwicklung von Carcinus Maenas L. (Decapoda, Portunidae) und Pagurus Bernhardus L. (Decapoda, Paguridae)« mit der Freiwilligen Feuerwehr Helgoland zu tun? Eigentlich überhaupt nichts, wenn diese Dissertation nicht ausdrücklich der Feuerwehr gewidmet worden wäre. Der Autor Ralph R. Dawirs schreibt in seiner persönlichen Widmung an die Feuerwehr: »Der Freiwilligen Helgoländer Feuerwehr in aufrichtiger Dankbarkeit. Ralph Dawirs, Helgoland im Frühjahr 1982.«
Den Grund dieser Widmung erklärt Dawirs in seiner Einführung zur Dissertation: »Ganz besonders verbunden fühle ich mich den Männern der Freiwilligen Feuerwehr auf Helgoland, die durch ihr umsichtiges und beherztes Vorgehen in der Nacht vom 10. auf den 11. Oktober 1981 die Manuskripte zu dieser Arbeit vor der Vernichtung durch Feuer bewahrten.«
Eine ungewöhnliche Anerkennung unserer Arbeit, die Feuerwehr hat sich darüber ganz besonders gefreut, wenngleich viele den Titel der Dissertation bis heute nicht verstanden haben.

Bild 63: Gemeindewehrführer Hans Kohaupt und Bürgermeister F. J. Baumann, anläßlich einer Fahrzeugübergabe.

Ende 1982 stellte Sygurd Ohlsen das Amt des Gemeindewehrführers zur Verfügung. Auf der Mitgliederversammlung im April 1983 wurde Kamerad Hans Kohaupt zur Wahl vorgeschlagen und zum Wehrführer gewählt. Nach der Bestätigung durch die Gemeindevertretung und durch den Landrat des Kreises Pinneberg nahm er im September 1983 die Ernennungsurkunde zum Ehrenbeamten in Empfang. Hans Kohaupt hatte sich seit 1967 um die Jugendfeuerwehr bemüht und gab dieses Amt nun an seinen Nachfolger, Kamerad Nickels Bartz, weiter. Schnell wurde der neue Schwung spürbar, mit dem die Feuerwehr nun geleitet wurde. Jedoch gab es auch Stimmen in der Wehr, die davor warnten, zu euphorisch in die Zukunft zu blicken, und erstmal abwarteten.

Der neue Wehrvorstand begann seine Arbeit zunächst mit einer Bestandsaufnahme und legte dann die Prioritäten für die weitere Arbeit der Freiwilligen Feuerwehr Helgoland fest. Drei Ziele kristallisierten sich schon nach kurzer Zeit heraus und sollten in die Tat umgesetzt werden:

1. Verbesserung der Ausrüstung unter Beachtung der einschlägigen DIN-Vorschrift; 2. Forcierung der Ausbildung auf Ortsebene mit Hilfe des Kreisfeuerwehrverbandes Pinneberg; 3. Motivation der Mitglieder und kurzfristige Verbesserung der persönlichen Schutzausrüstung. Als langfristiges Ziel wurde die Lösung der Platzprobleme in den Gerätehäusern durch den Neubau einer Feuerwache auf dem Unterland angestrebt. Mit Hans Kohaupt steht nach Julius Gustav Berndt, dem Mitbegründer unserer Feuerwehr, der zweite Nicht-Helgoländer an der Spitze der Wehr. Er ist gebürtiger Hanauer (Hessen), jedoch schon seit 30 Jahren auf der Insel. Durch seine langjährige Tätigkeit als Jugendwart hat er ein Fingerspitzengefühl für den Umgang mit den Insulanern entwickelt, das ihm in seiner jetzigen Position zugute kommt.

Im Jahre 1984 konnte die gesamte Feuerwehr mit neuer Schutzausrüstung versehen werden. Die bis dahin gebräuchlichen "Blaumänner" verschwanden aus den Spinden. Die einheitliche Kleidung, das passende Schuhwerk ließen den Laien nun nicht mehr erkennen, welche Funktion der einzelne Feuerwehrmann wahrnahm. Dienstgradabzeichen und Funktionshinweise auf dem Ärmel gehörten der Vergangenheit an. Nur noch an den unterschiedlichen Markierungen am Einsatzschutzhelm kann man Führungspersonen nun erkennen.

Das Jahr 1985 stand ganz im Zeichen eines Besuches: Für den hatte das Präsidium des Deutschen Feuerwehrverbandes, das oberste Organ aller Feuerwehren in der Bundesrepublik, seinen Besuch angekündigt. Hierfür mußten entsprechende Vorbereitungen getroffen werden.

Voller Stolz konnte die Feuerwehr im April des Jahres das erste wasserführende Fahrzeug, ein Tanklöschfahrzeug TLF 8/18 auf DB 813-Fahrgestell, in den Dienst stellen. Bisher mußte die Wehr darauf warten, daß das Hydrantennetz erst durch die Versorgungsbetriebe gefüllt war. Es vergingen oft wertvolle Minuten, bis ein Löschangriff gestartet werden konnte. Bereits einen Tag später konnte die Feuerwehr auf einem dänischen Fischkutter einen Entstehungsbrand mit dem TLF löschen. Der Löschwasserverbrauch betrug nur 50 Liter. Gemeinsam mit der Gemeinde Helgoland, hier sei insbesondere der damalige Bürgermeister Klaus Degenhardt erwähnt, wurde nun der Besuch des DFV vorbereitet. Unter der Führung von Präsident Hinrich

Bild 32: Präsidiumssitzung des Deutschen Feuerwehrverbandes im Sitzungssaal des Rathauses. V.l. Kreiswehrführer Curt Hamer, Landesbrandmeister Gunther Stoltenberg-Frick und sein Stellvertreter Jörn Böttger.

Struve (Sönke-Nissen-Koog), des Landesbrandmeisters Gunther Stoltenberg-Frick (Stockelsdorf) und des großen Helgolandfreundes Kreiswehrführer Curt Hamer (Quickborn) reiste das gesamte Präsidium an. Darunter die Vertreter der Berufsfeuerwehren, der Werkfeuerwehren, alle Beisitzer und Experten des Verbandes. Die drei Tage auf Helgoland werden allen Beteiligten in angenehmer Erinnerung bleiben. Die Helgoländer Feuerwehr konnte viele neue Freundschaften und Verbindungen knüpfen.

Bild 33: Der Präsident des DFV, Hinrich Struve, überreicht dem Kreiswehrführer Curt Hamer den Ehrenwimpel des Verbandes für die geleistete Arbeit im Präsidium.

Bild 34: Das Präsidium des Deutschen Feuerwehrverbandes vor dem Rathaus. Links vorne Präsident H. Struve und der damalige Bürgermeister Klaus Degenhardt.

1986 vollzog sich ein erneuter Wechsel an der Spitze der Feuerwehr. Von der Mehrheit der Mitglieder gewählt, übernahm Brandmeister Horst Siemens das Amt des stellvertretenden Gemeindewehrführers von Oberbrandmeister Agge Claasen.

Aus gesundheitlichen Gründen schied der langjährige Gerätewart und Spielmannszugführer Heinrich Bebber aus dem Dienst bei der Gemeinde Helgoland aus und ging in den wohlverdienten Ruhestand. Als seinen Nachfolger stellte der Bürgermeister den Kfz-Mechaniker Manfred Wetzel ein, der ab Mai 1985 die Funktion des hauptamtlichen Gerätewartes übernahm.

In Eigenleistung entstand im Gerätehaus Oberland eine vollwertige Atemschutzwerkstatt, die es ermöglichte, die lebenswichtigen Preßluftatmer entsprechend den Hinweisen der Hersteller zu warten und zu pflegen. In der ehemaligen Garage für den Krankentransportwagen entstand eine Werkstatt, die Reparaturen an den Großgeräten möglich machte, ohne daß die Fahrzeughalle dafür in Anspruch genommen werden mußte. Damit hatte sich die räumliche Situation in den Feuerwehrhäusern zwar nicht grundlegend verbessert, jedoch war ein geordnetes Nebeneinander von Instandsetzungsbetrieb und Feuerwehrdienst möglich geworden.

Ende Oktober 1986 verstarb unerwartet der Oberbrandmeister Hinrich Agge Claasen. Er gehörte der Feuerwehr Helgoland mehr als 40 Jahre als aktives Mitglied an. Für seine besonderen Verdienste um den Brandschutz in seiner Heimatgemeinde waren ihm verschiedene Auszeichnungen verliehen worden. Noch 1985 erhielt er aus den Händen des Präsidenten des Deutschen Feuerwehrverbandes das Feuerwehr-Ehrenkreuz 2. Stufe. »Durch den Tod von Agge Claasen wurde eine schmerzliche Lücke gerissen, die sich nicht so schnell wird füllen lassen«, sagte Gemeindewehrführer Kohaupt in einem Nachruf. Unter Anteilnahme der gesamten Feuerwehr Helgoland und Vertretern des Kreisfeuerwehrverbandes Pinneberg sowie großer Teile der Bevölkerung wurde Kamerad Agge Claasen mit allen Ehren zur letzten Ruhe geleitet.

Lange Jahre war der Brandschutz auf der Düne das Stiefkind des örtlichen Brandschutzes. Die Bemühungen aller Wehrführungen, hier brandschutzgerechte Einrichtungen zu schaffen, waren bisher nicht von Erfolg gekrönt gewesen. Der Hartnäckigkeit des Wehrführers Kohaupt ist es zu verdanken, daß im Mai 1987 ein Tanklöschfahrzeug mit Sonderausrüstung für die Brandbekämpfung an Luftfahrzeugen auf der Düne in den Dienst gestellt werden konnte. Unter Beteiligung aller Feuerwehrangehörigen, Vertretern der Landesregierung in Kiel, den Lieferanten und Vertretern der Regionalfluggesellschaften wurde das Fahrzeug an die

Bild 30: Blick in die neue Atemschutzwerkstatt im Gerätehaus Oberland. Links eine Puppe mit Atemschutzausrüstung, rechts der Flammenschutzanzug »Salamander«.

Bild 47: Die beiden Rettungsfahrzeuge auf der Düne vor der Feuerwache. Links: Tanklöschfahrzeug Baujahr 1987 und Strandrettungsfahrzeug auf DKW-Munga-Jeep.

örtliche Feuerwehr übergeben. Die entsprechende Fahrzeugunterbringung am Flugplatz lief parallel, und das neue Gerätehaus »Düne« war im September 1987 bezugsfertig.

Neben dem Flughafen werden auf der »Badedüne«, die etwa 1,5 km von der Hauptinsel entfernt ist, ein Camping-Platz mit etwa 110 Stellflächen, ein Bungalowdorf mit 66 Mobilheimen wie gastronomische Einrichtungen betrieben. Die Feuerwehr muß trotz der Entfernung so schnell wie möglich zum Einsatz gelangen, wenn es auf der Düne zu einem Brand kommt.

Anfang der 70er Jahre bemühte sich Sygurd Ohlsen darum, den Brandschutz auf der Düne zu gewährleisten. Er konnte erreichen, daß in den Sommermonaten

Bild 46: Unfall eines Luftfahrzeuges auf dem Verkehrslandeplatz Helgoland-Düne. Das Bugrad war nicht eingerastet.

Bild 61: Flugunfall am 12. 9. 1992 auf dem Flugplatz Helgoland-Düne. Das Luftfahrzeug ist in Brand geraten, ein schneller Einsatz der Flugplatzfeuerwehr ist erforderlich.

Kameraden aus dem Kreis Pinneberg während eines 14tägigen Urlaubes eine bescheidene Unterkunft zur Verfügung gestellt bekamen und für ihre Sonderdienste ein Taschengeld von der Kurverwaltung. Nachdem 1971 das neue Flugplatzgelände fertiggestellt war, übernahm die Feuerwehr die ehemalige Flugleiterbaracke und richtete diese für die Unterbringung der Festlandskameraden her. Die Ausrüstung bestand zunächst nur aus einem Unimog mit Pulveranhänger. 1973 erwarb die Gemeinde Helgoland ein Tanklöschfahrzeug 15 (Bj.1953) aus Weinheim. Nicht nur normale Löscharbeiten mit Wasser konnten damit ausgeführt werden. Der Pulverlöscher ermöglichte auch das Löschen von Triebwerksbränden. Schon 1972 bestätigte der Absturz einer Verkehrsmaschine, daß die Schaffung einer ständigen Wachbereitschaft auf der Düne richtig war. Nur das schnelle Eingreifen der Kameraden konnte eine größere Katastrophe verhindern.

Im Jahre 1976 wurde eine neue Unterkunft zur Verfügung gestellt. Zwei Schlafzimmer, ein Wohnraum sowie entsprechende sanitäre Anlagen waren nun für die wachhabenden Kameraden auf der Düne vorhanden. Mit dem Brandschutz ging es jedoch weiter bergab. Eine befriedigende Lösung war nicht in Sicht. Am Tiefpunkt der Entwicklung bestand die Ausrüstung aus einem 25 Jahre alten MAN-Traktor und einem 20 Jahre alten P 250. Dank der Bemühungen Kohaupts wurde es ab 1987 besser. Das Tanklöschfahrzeug, das unter seiner Führung in Dienst gestellt wurde, verfügte über einen 1000-Liter-Löschwasserbehälter und einen Schaumvorrat von 200 Litern, eine Schnellangriffseinrichtung für Schaum und Wasser, einen Satz Hebekissen – »Power Bags« – sowie über einen Spreizer, eine Schere, eine elektrische Hydraulikpumpe und ein Notstromaggregat. Daneben werden weitere sinnvolle Ausrüstungsgegenstände mitgeführt. Das Fahrzeug ist unmittelbar am Flugplatz stationiert, in ca. 50 Meter Entfernung zur Feuerwehrunterkunft. Darüber hinaus gibt es ausreichend Schlauchmaterial, eine Tragkraftspritze, TS 16/8, und einen neuen P 250. Dank der Unterstützung durch die Kameraden des Kreises Pinneberg, die auf einen Teil ihres Jahresurlaubs verzichten, wird der Brandschutz auf der Düne garantiert. Eine Aufzählung der Kameraden, die in über 20 Jahren uns zur Seite gestanden haben, würde den Rahmen dieser Chronik sprengen. Allen, die bisher auf der Düne Dienst geleistet haben, gebührt unser Dank.

Bild 49: Alarmübung über der Düne. Die Atemschutzgeräteträger müssen zu Fuß zur Einsatzstelle gelangen.

Bild 48 + 60: Übung mit Pulverlöscher im Wellensturzbecken, in Zusammenarbeit mit der Flugplatzfeuerwehr des MFG 5 Kiel-Holtenau.

Bild 45: Rettung eines Verletzten mit Hilfe der Marinetrage vom Dach der Schule (1965).

Die Ausbildung der aktiven Feuerwehrangehörigen wurde ab 1984 neu organisiert. Bis dahin wurden auf Ortsebene Maschinisten und Atemschutzgerätewarte durch Brandmeister Heinrich Bebber ausgebildet, der die Funktion eines Kreisausbilders nach dem Besuch eines Lehrganges an der Landfeuerwehrschule in Harrislee übernahm. Gemeindewehrführer Kohaupt konnte in enger Zusammenarbeit mit dem Kreisfeuerwehrverband Pinneberg, der für die örtliche Ausbildung in den Feuerwehren viele ehrenamtliche Ausbilder beschäftigte, die Ausbildung der aktiven Feuerwehrleute entscheidend verbessern. Es konnte erreicht werden, daß die Ausbildungen zum Truppmann, Truppführer, Atemschutzgeräteträger, Funker, Maschinist und in der technsichen Hilfeleistung direkt auf der Insel durchgeführt werden konnten. In vier Tagen werden die Lehrgangsteilnehmer (jeweils etwa 20) vor Ort durch die Ausbilder geschult. Damit entfiel für die Gemeinde Helgoland die Finanzierung der Reisen zur Kreisfeuerwehrzentrale in Ahrenlohe, und die Ausbildung erfolgte standortgemäß und unter Berücksichtigung der besonderen örtlichen Verhältnisse. In den vergangenen Jahren nahmen rund 160 Feuerwehrmitglieder der Freiwilligen Feuerwehr Helgoland an den Lehrgängen teil.

Anläßlich der Feierlichkeiten »Helgoland – 100 Jahre deutsch« überreichte das VW-Werk Wolfsburg der Gemeinde Helgoland am 7. Oktober 1990 einen VW-Transporter. Dieses Fahrzeug wurde für die Aufnahme von Geräten für die technische Hilfeleistung hergerichtet. Dafür hat die Gemeinde Helgoland einen VW-Transporter mit Doppelkabine, der den Ansprüchen der Wehr nicht mehr genügte, an die Insel Sansibar verschenkt. Die Transportkosten übernahm der Ministerpräsident des Landes Schleswig-Holstein, Björn Engholm. Das Fahrzeug wurde auf dem Seeweg transportiert und von der Feuerwehr auf Sansibar am 10. Januar 1991 in Empfang genommen.

Anfang der 90er Jahre begann für die Feuerwehr auf Helgoland, aber auch für den Kreisfeuerwehrverband Pinneberg eine sehr erfreuliche Entwicklung. Vier junge Helgoländerinnen stellten im Jahre 1990 den Antrag auf Aufnahme in die Freiwillige Feuerwehr Helgoland. Innerhalb der Aktiven bildeten sich zwei Lager. Auf der einen Seite die Befürworter und auf der

Bild 52: Sprung vom Dach der Aula in das Sprungpolster – 1965.

anderen Seite eine Gruppe, die die Aufnahme von Frauen strikt ablehnte. Der Vorstand hatte zunächst über die vorläufige Aufnahme zu entscheiden. Aufgrund der Vorschriften der Satzung wurde die vorläufige Aufnahme ausgesprochen. Die Feuerwehrfrauen ließen dann recht schnell die Argumente der Gegner verpuffen, indem sie bei den Übungsdiensten ihren »Mann« standen und auch bei der Ausbildung keine Scheu vor schwierigen Aufgaben zeigten. Heute sind von den vier Frauen noch drei aktiv in der Feuerwehr tätig. auch die endgültige Aufnahme in die Feuerwehr wurde auf einer Mitgliederversammlung beschlossen. Ein gutes Zeichen dafür, daß sich die Feuerwehr dem Fortschritt nicht verschließt.

Als Gemeindewehrführer wurde Hauptbrandmeister Hans Kohaupt 1992 für weitere sechs Jahre gewählt. Einen Generationswechsel an der Spitze der Feuerwehr kündigte jedoch die Wahl des stellvertretenden Gemeindewehrführers Arno Bebber an. Arno Bebber löste Kamerad Horst Siemens im September ab, der aus beruflichen Gründen für eine weitere Amtszeit nicht zur Verfügung stehen konnte. Mit Arno Bebber wurde ein Mitglied der Feuerwehr Helgoland in die Führung berufen, der seine ersten Erfahrungen in der Jugendfeuerwehr sammelte. Hier zeigt sich, daß die Jugendfeuerwehr ein wesentlicher Garant für die Aufrechterhaltung der Mitgliederstärke in der Feuerwehr Helgoland ist. Viele der heutigen Führungskräfte sind aus der Jugendfeuerwehr hervorgegangen, ebenso wurde auch ein Großteil der Mann(Frauen-)schaft aus der Jugendfeuerwehr rekrutiert.

Bild 59: Übung des Zuges Oberland am Südhafen mit der Schaumkanone.

Bild 53: Einsatzfahrt mit dem Rettungskreuzer »Hermann Apelt« der DGzRS zu einem Lenzeinsatz.

Bild 54: Start eines Heliumballons vom Mittelland aus. Die Feuerwehr stellte den vorgeschriebenen Brandschutz.

Bild 55: Feuerwehr kann auch Spaß machen. Beim Lenzen einer Zisterne bei Firma Hobbje. V. l.: Gerhard Goemann, Sygurd Ohlsen, Gerhard Kobsch, Manfred Freymann, Heinrich Bebber.

Bild 56: Löscheinsatz unter Atemschutz bei eisiger Kälte (die Luftflaschen sind vereist).

Bild 51: Verabschiedung des Kreiswehrführers Curt Hamer am 5. 12. 1987. Stehend: Curt Hamer mit einer original Helgoländer Helmuhr, sitzend: Kreiswehrführer G. Duwe (ab 1. 1. 88) mit Utensilienkoffer.

Bild 50: Marschblock der Feuerwehr Helgoland anläßlich des Umzuges »100 Jahre Deutsch« im August 1990. Hinter den Fahnenträgern v. links: Hauptbrandmeister Gerhard Duwe und der stellv. Wehrführer Horst Siemens.

Schmunzelecke

Etwas zum Schmunzeln: Im Jahre 1922 mußte die beliebte Weihnachtsfeier ausfallen. Die Mehrheit der Feuerwehrmitglieder war an Grippe erkrankt.

☆

Die unzähligen Hilfeleistungen der Feuerwehr Helgoland in »Amtshilfe« für andere Behörden bilden auch einen Faktor des gedeihlichen Zusammenlebens auf unserer Insel. Sie erfüllen die Erwartungshaltung des Bürgers, besonders der älteren Mitbürger.

☆

»Polizeiliche Hilfe« leisteten Feuerwehrkameraden im fortgeschrittenen Verlauf eines Festkommerz Anfang der 80er Jahre. Der Insel-Sheriff W. Knauß war zu einem Einbruch gerufen worden und sah sich plötzlich 3 Einbrechern gegenüber. Während W.K. einen Einbrecher stellen und festnehmen konnte, flüchteten 2 Täter. Das personell gut besetzte Feuerwehrfahrzeug, der Fahrer vom Dienst war ganz bestimmt nüchtern, konnte innerhalb kurzer Zeit die flüchtigen Täter festnehmen und der Polizei übergeben.

☆

Noch zu Zeiten von Willi Wehde als Polizeistationsleiter kam es in der Südkantine zu einer tätlichen Auseinandersetzung zwischen dänischen und holländischen Fischern. Die Polizeikräfte sahen sich wohl einer Personengruppe von 50 alkoholisierten Seeleuten gegenüber und legten zunächst einmal den Rückwärtsgang ein. Über die Feuermeldestelle wurde die Helgoländer Feuerwehr alarmiert.
Mit einer Verstärkung von rund 50 Feuerwehrmännern wurde die Südkantine umstellt und die streitbaren Fischer aus der Gaststätte »gebeten«, um friedlich zu ihren Kuttern zu marschieren.

☆

Im Jahre 1992 wurde die Feuerwehr über Funkmeldeempfänger alarmiert mit der Durchsage: »Mann in Klippe.« Jeweils eine Gruppe des Zuges Ober- und Unterland sowie Polizeibeamte machten sich auf die Suche. Ergebnis: negativ. Da war kein Mann in der Klippe zu finden. Die Ermittlungen der Polizei und der Feuerwehr brachten dann folgendes Ergebnis. Die Person, die die Feuerwehr alarmiert hat, war der deutschen Sprache zwar mächtig, aber doch nicht so perfekt, so daß der Mitarbeiter bei der Feuermeldestelle verstanden hat: »Mann in Klippe«, gesagt worden ist jedoch: »Lamm in Klippe«, wodurch es zu dem Einsatz der Feuerwehr kam.

Bild 62: 15. Kreisfeuerwehrmarsch in Seestermühe. Die Teilnehmer der Wehr nach dem Zieldurchgang. V. l.: Christa Koopmann, Martina Hesse, Thomas Clasing, Hans Lorenzen, Helmut Huckfeldt (halb verdeckt), Heike Kiewitt, Gerd Krohn (halb verdeckt), Uwe Krüss, Frank Botter, Arno Bebber und stellv. Gemeindewehrführer Horst Siemens – 1991.

Die Ausrüstung der Freiwilligen Feuerwehr Helgoland Ende 1992

Kraftfahrzeuge

1 Tragkraftspritzenfahrzeug (TSF) Baujahr 1983
Volkswagen Bully
1 Tragkraftspritzenfahrzeug (TSF) Baujahr 1989,
Mercedes DB 308 D
1 Mannschaftstransportwagen (MTW) Baujahr 1989,
Volkswagen Syncro
1 Gerätewagen (GW) Baujahr 1990,
Volkswagen Bully
1 Tanklöschfahrzeug 8/18 (TLF) Baujahr 1985,
Mercedes DB 813
1 Tanklöschfahrzeug 8 »Sonderausgabe«,
Baujahr 1987,
Mercedes DB U 1300 L

Anhängefahrzeuge

1 Tragkraftspritzenanhänger (TSA)
mit TS 8/8 Fox Rosenbauer, Baujahr 1988
1 Tragkraftspritzenanhänger (TSA)
mit TS 16/8 Bachert, Baujahr 1972
1 Tragkraftspritzenanhänger (TSA)
mit TS 16/8 Bachert, Baujahr 1987
1 Stromaggregat, 8 kVA auf Lafette
(Klöckner-Humboldt-Deutz) Baujahr 1978
1 Anhänger mit Hilfeleistungsgerät
1 Anhänger mit 400 m B-Druckschlauch
1 Schlauchanhänger, 1x200 m B-Druckschlauch,
2 x 120 m C-Druckschlauch
1 Schlauchhaspel, 1x200 m B-Druckschlauch
1 Tragkraftspritzenanhänger (TSA)
mit TS 4/5 Bachert, Baujahr 1987 – Jugend:
Schaumkanone auf Lafette Ziegler
1 Anhänger mit Ausrüstung Wasserförderung einschl.
TS 8/8 Magirus, Bauj. 1962
1 Anhängeleiter AL 16/4 Fa. Glatz, Baujahr 1989

Zusatzausrüstung

10 Handfunksprechgeräte FUG 10 – 2 m Band
8 Funksprechgeräte FUG 8 – 4 m Band
70 Funkmeldeempfänger BMD
1 Be- und Entlüftungsgerät AUER,
gleichzeitig Leichtschaumgenerator
24 Atemschutzgeräte
(Dräger DA 58/1600 u. AUER BD 88)
120 Atemluftflaschen
3000 m Druckschläuche B,C u. D
(neben der normalen Fahrzeugbeladung)
Mehrzweckseilzüge (1,5 t, 3 t, 6 t)
Hebekissensatz »Vetter«
Hebekissensatz »Power bags«
Spreizer, Schere (am Flugplatz)
Notstromaggregate 5 kVA
Tragkraftspritze TS 8/8 Fox Rosenbauer
Hydrauliksatz »Weber«
Rettungsgerät für Einsatz »Klippenrand«

Bild 57: Die Fahrzeuge der Feuerwehr Helgoland heute: v.l.: Tanklöschfahrzeug TLF, Baujahr 1985; Tragkraftspritzenfahrzeug TSF, Baujahr 1989; Mannschaftstransportwagen MTW, Baujahr 1989; Tragkraftspritzenfahrzeug TSF, Baujahr 1983; Gerätewagen GW, Baujahr 1990.

Aus unserem Gästebuch

Bürgermeister Henry Peter Rickmers: Freiwillige Feuerwehr – das bedeutet freiwilliger Einsatz zum Wohle der Gemeinschaft. Gerade auf unserer Insel, wo wir auf uns selbst gestellt sind und nicht auf nachbarliche Hilfe rechnen dürfen, stellt dieser Dienst besondere Anforderungen an alle Beteiligten. Mehr als an anderen Stellen kommt es sowohl auf gute Zusammenarbeit als auch auf die Leistung des einzelnen an.
Ich fühle mich all den Männern, die sich seit Bestehen der Wehr für die Gemeinschaft eingesetzt haben, besonders verbunden. Ihnen allen gilt mein aufrichtiger Dank! Helgoland, 20. September 1968

Der Präsident des Deutschen Feuerwehrverbandes, Albert Bürger, anläßlich des Symposiums des CTIF vom 29. Juni bis 1. Juli 1967:
Anläßlich des Internationalen Symposiums des CTIF besuchten die Delegationen von 16 europäischen Staaten die Insel Helgoland.
Wir beglückwünschen die Gemeinde Helgoland zu ihrer tüchtigen Freiwilligen Feuerwehr. Den Kameraden gilt unser Dank und unsere Verbundenheit.

Der Kreiswehrführer des Kreisfeuerwehrverbandes Pinneberg, Walter Michau, am 5. Oktober 1967:
Mit Genugtuung und Stolz kann die Freiwillige Feuerwehr Helgoland auf einen vorbildlichen Aufbau des Feuerlöschwesens nach dem Kriege 1939/1945 zurückblicken. Diese Tatsache ist anerkennenswert.
Im Gehen, nicht im Stehenbleiben
liegt der Fortschritt.
Aufrichtige Wünsche für die Zukunft.
Michau, Kreiswehrführer

Anläßlich des 75jährigen Jubiläums besuchten die Freiwillige Feuerwehr der Gemeinde Helgoland:

FF. Stadt Pinneberg, FF. Tornesch-Esingen u. Ahrenlohe, FF. Bullenkuhlen, FF. Bönningstedt, FF. Bremervörde mit Spielmannszug, FF. Garstedt, FF Hasloh, FF. Borstel-Hohenraden, FF. Friedrichsgabe, FF. Seestermühe, FF. Cuxhaven-Döse, FF. Halstenbek, Vorstand des Kreisfeuerwehrverbandes, FF. Hamburg-Lockstedt
Helgoland, 22. September 1968

Dr. Schlegelberger, Innenminister des Landes Schleswig-Holstein, am 18. September 1970:
»Eine tüchtige Freiwillige Feuerwehr ist das Spiegelbild einer guten Gemeinde: und das ist Helgoland!«

Der Kommandant der FF. Hopfgarten/Nordtirol am 1. Mai 1972: »Unseren lieben Kameraden von Helgoland! Überwältigt von all den vielen Aufmerksamkeiten, die uns die Kameraden von Helgoland geboten haben und den lieblichen Klängen des Spielmannszuges mit dem überaus herzlichen Empfang, die uns zeitlebens unvergeßlich bleiben werden, danken die Wehrkameraden von Hopfgarten/Nordtirol herzlichst.«

80 Jahre FF. Helgoland, es besuchten uns:
FF. Wedel, FF. Hasloh, FF. Quickborn, FF. Berliner Tor - Hamburg, FF. Bokel, FF. Lutzhorn, FF. Ellerhop, FF. Hetlingen, FF. Uetersen, FF. Elmshorn, FF. Raa-Besenbek, FF. Halstenbek, FF. Pinneberg, FF. Seeth-Ekolt, FF. NeuenkrugeBorbek, FF. Haselau, FF. Appen, Spielmannszüge aus Hasloh, Moorrege und Appen.

28. Juni 1983 »Vielen Dank für die gastliche Aufnahme.

Überall auf der Welt gibt es den Feuerwehrmann, der den humanitären Auftrag als Berufung und Verpflichtung ansieht. Möge das kameradschaftliche Miteinander und Füreinander das Leben und das erfolgreiche Wirken der FF. Helgoland bestimmen. In kamerad schaftlicher Verbundenheit: Paul Augustin, Ehren-Landesbrandmeister, Geschäftsführer der Feuerwehr-Unfallkasse Schleswig-Holstein.«

Jahreshauptversammlung am 5. Mai 1986 Ji doot ju Pflicht mit Hard un Hand. Staht dicht an dicht för »Helgoland«!
So is dat ween, so mutt dat blieben – lat ju von keen uten anner drieben.
Ick her mi darvon öbertügt »Holt fast Jungs« ick komm wedder trüch!
Allzeit gute Fahrt, Euer Gunther Stoltenberg-Frick, Lbm
von mi ook: C. Hamer, KBM KFV Pinneberg.

26. April 1986 Das Präsidium des Deutschen Feuerwehrverbandes war aus Anlaß seiner 20. Tagung vom 25. bis 27. April 1986 auf der Insel Helgoland; »Aus allen Teilen der Bundesrepublik Deutschland sind wir angereist, wobei die meisten zum ersten Mal auf dieser schönen Insel sind. Der rauhe Charme dieses Eilandes hat alle Teilnehmer beeindruckt. Manch einer wird bestimmt wiederkommen. Dank gilt der Gemeinde und der Feuerwehr für die Einladung und für die herzliche Aufnahme. Eine freiwillige Feuerwehr, die nicht nur das Leben und Gut der Inselbewohner, sondern auch das der Gäste zu schützen hat, trägt eine große Verantwortung. Das Vertrauen, das man in sie setzt, muß sie stets neu erwerben. Ich wünsche der Freiwilligen Feuerwehr Helgoland für die Zukunft alles Gute mit dem Wahlspruch der Nordfriesischen Feuerwehren: »Ob Fuer, ob Flot, wi helpt in Not«
Hinrich Struve
Präsident des DFV

Und eine besondere Widmung: 7. Juni 1991
Vielen Dank und mit freundlichen Grüßen –
Vernon A. Walters
Botschafter der U.S.v.Amerika

(Der Botschafter ist gehbehindert, und die Feuerwehr Helgoland stellte ein Fahrzeug für den Fahrdienst zur Verfügung. Bevor Mr. Walters den Rückflug antrat, baten wir ihn, sich in unserem Gästebuch zu »verewigen«)

Nach dem Fall der Mauer war auch dies möglich: Die besten Grüße an die FF. Helgoland. Vielen Dank für die freundliche Aufnahme auf der Insel. Für die Feuerwehr Helgoland wünschen wir allen Kameraden ein »Gut Wehr« bzw. wie wir sagen ein »Gut Schlauch«.
Torsten Gromm
Wehrführer der Stadt Klütz/Mecklenburg

Wenn der Landesbrandmeister auf Helgoland Urlaub macht: »Liebe Freunde und Kameraden! Bisher durfte ich Eure ausgesuchte Gastfreundschaft immer als Feuerwehrmitglied und Lbm offiziell erfahren. Heute nun weiß ich, daß bei Euch nicht Funktionen zählen – sondern der Mensch! Dafür bin ich sehr dankbar und werde mich dieser kameradschaftlichen Herzlichkeit stets gern erinnern! Euch weiterhin eine glückliche Hand und allzeit gute Fahrt!«
29. Juni 1992
G. Stoltenberg-Frick – Lbm

Die aktiven Angehörigen der Freiwilligen Feuerwehr Helgoland

Hauptlöschmeister Nickels Bartz, Betriebsschlosser
Hauptfeuerwehrmann Michael Klings, Transportfahrer
Brandmeister Heinrich Bebber, Rentner
Hauptfeuerwehrmann Dirk Block, Elektriker
Oberlöschmeister Dieter Hobbje, selbst. Kaufmann
Oberlöschmeister Frank Botter, Verwalt.-Angest.
Brandmeister Peter F. Botter, Fischwirt
Feuerwehrmann Daniel Kröger, Elektriker
Löschmeister Jens Friedrichsen, Maler
Oberlöschmeister Jörg Claasen, Malermeister
Hauptfeuerwehrmann Ralf Claasen, Installateur
Löschmeister Ulf Claasen, Elektriker
Hauptfeuerwehrmann Heiko Ederleh, Entsorger
Feuerwehrmann Claas Engel, Kaufmann
Feuerwehrmannanwärter Jörg Preuß, Kaufmann
Löschmeister Herbert Erler, Schlachtermeister
Oberfeuerwehrmann Roland Erler, Schlachtermeister
Oberlöschmeister Arno Bebber, Maschinenwärter
Feuerwehrmann Mario Essner, Auszubildender
Löschmeister Gerhard Goemann, Verwalt.-Angest.
Hauptfeuerwehrmann Dieter Heikens, Maschinenwärter
Feuerwehrmann Kai Singer, Auszubildender
Löschmeister Wolfgang Heinrich, Feuerwehrmann
Brandmeister Wilhelm Huke, Rentner
Hauptfeuerwehrmann Jan Lorenzen, Installateur
Feuerwehrmann Andreas Kaufmann, Kaufmann
Oberfeuerwehrmann Ulf Martens, Installateur
Oberbrandmeister Bruno Klüwer, Hausmeister BW
Oberfeuerwehrmann Knud Müller, Kfz-Mechaniker
Oberlöschmeister Helmut Huckfeldt, Gerätewart
Hauptfeuerwehrmann Joachim Jacobs, Maler
Hauptbrandmeister Hans Kohaupt, Zivilbed. BW
Hauptfeuerwehrmann Peter Koopmann, Betriebsschlosser
Oberfeuerwehrmann Olaf Lorenzen, Wasserbauwerker
Oberlöschmeister Uwe Krüss, Maler
Hauptfeuerwehrmann Hans Lorenzen, Bäcker
Oberlöschmeister Helmut Lorenzen, Schlosser
Oberfeuerwehrmann Reimer Claasen, Maler
Brandmeister Rolf Mittelbach, Schlosser
Hauptfeuerwehrmann Helgo du Moulin, selbst. Kaufmann
Hauptbrandmeister Sygurd Ohlsen, Zimmermeister
Hauptfeuerwehrmann Dirk Postmeister, Maschinenwärter
Oberfeuerwehrmann Jürgen Jagdhuber, Klärwärter
Feuerwehrmann Pay H. Kaufmann, Kaufmann
Hauptfeuerwehrmann Andreas Schulz, Feuerwehrmann
Hauptbrandmeister Horst Siemens, selbst. Kaufmann
Hauptfeuerwehrmann Kai Siemens, Masseur
Oberlöschmeister Joachim Strutz, Fernmeldetechn.
Hauptfeuerwehrmann Henry Tönnies, Seemann
Hauptfeuerwehrmann Jörg von Törne, Maschinenwärter
Oberlöschmeister Kai Wichers, kaufm. Angest.
Oberfeuerwehrmann Stefan Pfeifer, Bankkaufmann
Oberfeuerwehrmann Thomas Friedrichs, Elektriker
Hauptfeuerwehrmann Ullrich Knoll, Soldat
Oberfeuerwehrmann Gerd Krohn, Maler
Feuerwehrmann Eric Mailänder, Hotelier
Oberfeuerwehrfrau Martina Hesse, Zivilbed. BW
Oberfeuerwehrmann Thomas Clasing, Tischler
Oberfeuerwehrfrau Heike Kiewitt, Hausfrau
Oberfeuerwehrfrau Sygrun Gerhold-Antony, Kauffrau
Feuerwehrmann Jörg Heikens, Auszubildender
Feuerwehrmann Frank Kruse, Soldat

Bezugsnachweis Bilder

Archiv der Freiwilligen Feuerwehr Helgoland: 1, 2, 6, 8, 9, 16–23, 32, 34, 37, 43, 50, 55, 57, 61

Gerhard Goemann, Helgoland: 4, 27, 29, 33, 39, 47, 48, 51, 60
Gerhard Hesse, Helgoland: 5
Olga Flad, Helgoland: 7
Firma Windhorst, Bremen: 10, 11, 12
Geschw. Schensky, Schleswig: 13
Heinrich Bebber, Helgoland: 24, 25, 26, 28, 31, 36, 44, 45, 52-54, 62
Frank Botter, Helgoland: 30, 35, 41, 46, 49, 56, 58, 63
Nickels Bartz, Helgoland: 38, 40, 42
Gerd Krohn, Helgoland: 59
Gerda Rickmers, Helgoland: 3

Literaturnachweis Bücher:
1) Thomas Engelsing, Verlag Faude, 1990 »Im Verein mit dem Feuer« Die Sozialgeschichte der Freiwilligen Feuerwehr von 1830–1950
ISBN 3-922305-42-3
2) Wolfgang Hornung, Verlag W. Kohlhammer, 2. Auflage 1985
»Feuerwehrgeschichte« Brandschutz und Löschgerätetechnik von der Antike bis zur Gegenwart
ISBN 3-17-008793-2
3) Erwin Weber »Chronik von Helgoland«
(1584–1933)

Archive
1) Archiv der Freiwilligen Feuerwehr Helgoland insbesondere:
Jubiläumsschrift zum 75jährigen Bestehen, 1968
Jubiläumsschrift zum 80jährigen Bestehen, 1973